"中国劳模"系列丛书

三尺岗亭里的"微笑使者"
方秋子

张银池◎著

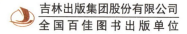
吉林出版集团股份有限公司
全国百佳图书出版单位

图书在版编目（CIP）数据

三尺岗亭里的"微笑使者"：方秋子 / 张银池著.
长春：吉林出版集团股份有限公司，2025.3. -- （"中国劳模"系列丛书 / 徐强主编）. -- ISBN 978-7-5731
-6290-8

Ⅰ. K828.9

中国国家版本馆CIP数据核字第2025FX0514号

SAN CHI GANGTING LI DE "WEIXIAO SHIZHE"：FANG QIUZI

三尺岗亭里的"微笑使者"：方秋子

出 版 人	于　强
主　　编	徐　强
著　　者	张银池
组稿统筹	东北师范大学文学院创意写作研究中心
责任编辑	王丽媛
助理编辑	张碧芮
装帧设计	张红霞

出　　版	吉林出版集团股份有限公司
发　　行	吉林出版集团社科图书有限公司
地　　址	吉林省长春市南关区福祉大路5788号　邮编：130118
印　　刷	唐山富达印务有限公司
电　　话	0431-81629711（总编办）
抖 音 号	吉林出版集团社科图书有限公司　37009026326

开　　本	710 mm×1000 mm　1 / 16
印　　张	9
字　　数	100 千字
版　　次	2025 年 3 月第 1 版
印　　次	2025 年 3 月第 1 次印刷

书　　号	ISBN 978-7-5731-6290-8
定　　价	55.00 元

如有印装质量问题，请与市场营销中心联系调换。0431-81629729

序 言

　　劳动创造财富，劳动创造幸福，劳动创造未来。习近平总书记在2020年全国劳动模范和先进工作者表彰大会上的讲话中指出："全社会要崇尚劳动、见贤思齐，加大对劳动模范和先进工作者的宣传力度，讲好劳模故事、讲好劳动故事、讲好工匠故事，弘扬劳动最光荣、劳动最崇高、劳动最伟大、劳动最美丽的社会风尚。"当今世界，综合国力的竞争归根到底是科技人才和高素质劳动者的竞争。改革开放以来，我们强大的工人队伍用辛勤的劳动和拼搏奉献的精神推动中国制造、中国智造、中国创造走向世界的前列，新时代的中国面貌日新月异。大力弘扬劳模精神、劳动精神、工匠精神，加强高素质技能人才队伍建设，打造一支宏大的知识型、技能型、创新型劳动者队伍，是伟大时代赋予我们的历史责任。

　　劳动模范是民族的精英、人民的楷模，是共和国的功臣。自改革开放以来，广大职工勇立改革潮头，独立自主，奋发图强，勇于创新，其中涌现出一批批全国劳模和大国工匠。他们参与建设了代表中国高度、中国速度、中国深度的一系列重大工程，提升了国家实力，打造了"中国名片"，树立了"中国品牌"，增添了"中国力量"，充分释放出工人阶级的创新活力，展示出大国工匠的强大创造力。他们以工人阶级的满腔热忱在各自平凡的工作岗位上取得了辉煌的成绩，书写了新时代的壮丽篇章。

爱岗敬业、争创一流、艰苦奋斗、勇于创新、淡泊名利、甘于奉献的劳模精神，崇尚劳动、热爱劳动、辛勤劳动、诚实劳动的劳动精神和执着专注、精益求精、一丝不苟、追求卓越的工匠精神，是广大劳动群众在社会生产实践中锤炼形成的弥足珍贵的精神财富，是工人阶级伟大品格的具体体现，是民族精神和时代精神的生动诠释。民族复兴需要劳动模范，祖国强盛需要大国工匠，中国制造、中国智造、中国创造更需要大国工匠的强有力支撑。劳模、工匠等的成长故事、先进事迹中承载的劳模精神、劳动精神和工匠精神，是激励全国各族人民团结奋斗、勇往直前的强大精神力量。

"中国劳模"系列丛书，采用图文结合的方式，讲述全国劳模、大国工匠和先进工作者们的成长经历及他们追梦、筑梦、圆梦的故事，用他们在平凡岗位上创造不平凡业绩的真实故事感染读者，推动形成劳动最光荣、劳动最崇高、劳动最伟大、劳动最美丽的社会风尚，引导广大技术工人和青少年形成劳动光荣、技能宝贵、创造伟大的观念。

"匠心筑梦，强国有我。"新时代是一个万象更新、生机勃勃的时代，也是一个继往开来、创新创业和建功立业的大时代。希望广大读者能以劳动模范为榜样，以大国工匠为楷模，立志技能报国、技术强国，踔厉奋发，勇毅前行，锤炼思想品格，汲取劳动智慧，勇于担当、勤于钻研、甘于奉献，为推进新型工业化和乡村振兴，为加快建设制造强国、质量强国、航天强国、交通强国、网络强国、数字中国、农业强国，全面建设社会主义现代化国家贡献青春力量。

中华全国总工会副主席（兼）

中国航天科技集团有限公司第一研究院

211厂14车间高凤林班组组长

2022年11月

传主简介

方秋子，女，1987年10月出生，中共党员。现为北京市首都公路发展集团有限公司"秋子服务"品牌带头人。党的十九大、二十大代表。曾获得"北京市劳动模范""全国交通运输系统劳动模范""全国劳动模范""全国三八红旗手""全国优秀共产党员"等60余项荣誉，并且担任了北京2022年冬奥会火炬手。

方秋子出生于北京一个普通家庭，她的父母勤劳朴实、与人为善，对两个女儿的教育更是一丝不苟，总是教导她们做一个正直的、对社会有贡献的人。2005年，方秋子进入北京市首都公路发展集团有限公司京沈分公司，成为一名高速公路收费员。在工作中，方秋子迷茫过，也沮丧过，但是她都坚持了下来。方秋子凭借对工作的热爱与勤奋，以乐观的心态，不断积极进取，在平凡事业中取得了不平凡的成就。

方秋子带领"秋子精英团队"编制了《秋子快塑形象宝典》《秋子工作法》等工作手册，为高速公路收费员的培训工作提供了指导教材。她参与建设了"秋子服务"品牌、方秋子创新工作室、品牌文化园、"秋子服务示范岗"和"秋子服务示范站"，创办了"秋子大讲堂"，为机关、学校、社区、社会团体做专题宣讲700余场。她用甜美的微笑迎接着成千上万的国内外友人，她"八颗牙"式的笑容成为首都高速公路服务窗口的"首都表情"。

2014年，方秋子被评为"国企楷模·北京榜样"。

2015年，方秋子被评为"全国劳动模范""全国交通运输系统劳动模范"。

2017年，方秋子当选为党的十九大代表。

2020年，"秋子服务"品牌在第二届交通运输优秀文化品牌推选展示活动中被评为"企业类十佳文化品牌"，"秋子志愿服务队"被评为"首都最佳志愿服务组织"称号。

2021年，"秋子服务"团队参加了第二届联合国可持续交通大会的服务保障工作，为各方参会代表提供数字交通、智慧交通、绿色出行等方面的知识讲解和引路服务。

2022年，方秋子当选为党的二十大代表。在会议结束之后，她在全国各地进行会议精神宣讲活动。

2022年2月4日下午，方秋子作为北京冬奥会火炬手，在通州大运河森林公园圆满地完成了奥运火炬传递工作。

2023年，"秋子服务"团队受邀参加了首届交通运输文化年会活动。

目　录

第一章　自由快乐的童年

扫码解锁

◎群英颂歌◎微笑名片
◎交通强国◎奋斗底色

淘气的童年

七月流火，九月授衣。初秋时节，天气渐渐转凉，黄昏之际，刮起的晚风不似夏夜时的清凉，反而带点儿萧瑟的气息。

这个时候，如果你走在通透的天空下，走在视野开阔的田地间，可以看见太阳正缓缓西沉。田间的农夫农妇沿着田垄向自己的小家走去。他们谈论节气，谈论缝制寒衣的计划；他们谈论生活，谈论自己家的孩子过了个夏天又变得黝黑黝黑的；他们谈论生计，谈论今年秋天会有怎样的收成。

1987年10月7日，中秋节，一个孩子的啼哭声在北京郊区一间农家小屋里响了起来。方秋子出生在了北京郊区的一户农家小院里。

"生了生了！是个女儿！"

"女儿也挺好！"

当时方秋子的父母更想要一个男孩，因为家中已经有了一个女孩，叫方春艳。父母期待这次可以生一个男孩，儿女双全。虽未如愿，但方秋子的到来还是让父母十分欣喜。

小时候的方秋子活泼、淘气，父母也把她当成男孩来养。

"爸，爸！你蹲下，我要玩'骑大马'！"小小的方秋子仰起头，冲父亲喊道。

父亲慈爱地说："你一个女孩子玩什么'骑大马'呀，羞不羞？"

方秋子"不甘示弱"地说："女孩子为什么就不能玩'骑大马'？我就要骑！"父亲半是无奈半是幸福地蹲下。方秋子抬起小腿儿，坐了上去。她坐在父亲的肩膀上，看到了比平常更为广阔的田野，非常兴奋。父亲也被女儿高兴的情绪所感染，开始跑了起来，还假装颠簸，方秋子被逗得咯咯笑。

后来，方秋子意识到，自己在一次又一次的"骑大马"游戏中长大，父亲也在一次又一次托举女儿中衰老。

方秋子小的时候，除了喜欢在父亲的脖子上"骑大马"，还喜欢到小河里摸鱼，一般男孩子干过的淘气事儿，方秋子一件也没落下。

在村子的西边有一条废弃的火车道，火车道底下是一座小桥，桥下有水，小鱼小虾就生活在这里。

几个小伙伴拿来一个小罐头瓶儿，方秋子便往里放了点儿小馒头渣儿。

"放这里好，放这里小鱼容易进来！"方秋子拿着罐头瓶儿在水里摸索着，河水击打着沿岸的石头，发出哗啦哗啦的流水声。他们把罐头瓶儿放在水里，等小鱼钻进来。

有时候才中午，小伙伴几人就提着一个小罐头瓶儿去捞鱼。捞鱼可就需要点儿技术了。他们把裤脚挽起来，踩着河边的鹅卵石走进小河。

方秋子盯着水流，看石头之间有没有小鱼小虾游来游去。夏天中午的阳光照着河面，波光粼粼。发现目标之后，方秋子弯着腰全神贯注、双手抬起，迅速捞起水中的小鱼。几个小伙伴看到罐头瓶儿中的鱼，别提多开心了，个个脸上都挂着灿烂的笑容。

除了捞鱼，小伙伴们还会在自家田里掰玉米放到一起烤着吃。

成熟的玉米长得比这几个小孩儿都要高。到了玉米地，他们也不破坏庄稼，只是沿着田垄掰几穗。

方秋子抬起手，掰下几穗玉米，剥开玉米的"外衣"。"我弄好玉米了，你们弄好火没有？"方秋子抬头看向自己的小伙伴。

他们在田地旁边找了比较大的石头，垒成三面的小灶，再弄些树枝串起玉米，放在火上烤。

那时整片田野都是孩子们的欢声笑语。多年之后，他们长大成人，可以吃到超市货架上精选的玉米，但幼时记忆中的玉米依然是最美味的。

方秋子在村子里是公认的"淘气包"，但她是一个善良且真诚的"淘气包"。她的父母都是普普通通的农民，为人质朴、待人真诚，在潜移默化中，父母的为人也深深影响着方秋子，所以周围的人对她的评价首先就是真诚。

在教育方面，方秋子父母没有做"直升机父母"——全方位把控孩子的生活，而是顺其自然、尊重孩子，让孩子自己掌握生活的主动权。

方秋子经常是放学回家把书包一放，就跑到田野去玩耍。"爸！妈！我先出去玩了，等会儿回来写作业！"方秋子的声音随着她奔跑的身影渐渐消失。爱玩是孩子的天性，但是方秋子的作业也没有落下，每天都会按时完成。

可以这么说，方秋子是林间的松涛、山中的清泉、田间的新苗看着长大的孩子。

虽然淘气，但方秋子并没有玩物丧志，她也会帮助家里做一些家务活儿，并且做得有模有样。

五年级的时候，方秋子对做饭产生了兴趣。母亲做饭时，她就会站在一边看，跟着母亲学做菜。

看着母亲拿着锅铲上下翻飞，方秋子站在一边，眼睛里散发出敬佩的光芒。她感叹母亲能在小小的厨房里如此娴熟地准备饭菜，对盐、糖、酱油等调味品的添加都得心应手。

"妈，炒牛肉是不是要放姜丝？"

"妈，饺子要怎么包？"

"妈，虾头是不是这么处理比较干净？"

在问母亲这道菜怎么炒、那道菜怎么炖的过程中，方秋子逐渐学会了做几道简单的菜。经过一段时间的学习与练习，像包饺子、酱牛肉、炖羊蝎子、炒海鲜之类的，不仅方秋子会做，而且菜的味道还不错。

姐姐在屋里看电视，方秋子就给姐姐烤玉米吃。煤夹子架在炉子上，玉米用筷子串上，烤至颜色金黄，香味扑鼻，方秋子就屁颠屁颠地给姐姐送过去。

"姐！玉米烤好了，特别香，你尝尝！"

小小的院子里飘满玉米的香味，姐妹俩一边啃玉米，一边看电视，发出咯咯的笑声。

大柿子树下

方秋子家院子里有一棵大柿子树，每年夏天，枝繁叶茂，绿油油、肥厚的大叶子在烈阳的照耀下闪闪发光。每年秋天，柿子熟透时，父亲就会借来亲戚的相机，让两个女儿站在柿子树下拍几张照片。

"老方，又去借相机给你家闺女拍照呀。"左邻右舍看到方秋子的父亲拿着相机，打趣道。

"是呀，今年家里的柿子树又结了好多果子，到时候给你们送过去！"方秋子的父亲满脸笑容地回应。

回到家，父亲高声喊道："春艳！秋子！出来拍照了！"话音刚落，方秋子和姐姐打闹着从房间里跑出来。每年家里的柿子成熟时，姐妹俩都在柿子树下合一张影，这已经成了每年秋天的保留节目。

姐妹俩站好位置，笑得格外灿烂。父亲手按快门，把姐妹俩的笑容定格在了照片上。

父亲看着她们站在硕果累累的柿子树下，感慨女儿们又长大了，心里分外高兴："我的两个女儿，脸被红彤彤的柿子映照后更好看了。"

一个个香甜的柿子，你挤着我、我挤着你，就像一盏盏橙黄色的灯笼挂在枝头，硕果累累，树枝都被压弯了腰。柿子香甜的味道弥漫在这个幸福的农家小院里，方秋子和姐姐站在柿子树下，绽放着孩童最纯真的笑容，或许她们在想着柿子的美味，或许在想着等一会儿摘柿子的乐趣，又或许在想着把香甜的柿子分给邻居时的喜悦。虽然相机的像素不高，这些照片也已随岁月流逝而泛黄，但是她们一年又一年的笑脸依旧光彩夺目。

拍完照片，父母就会带着方秋子姐妹俩摘柿子。

父亲拿着专门摘柿子的长竿子，爬上树摘柿子。姐妹俩就在树下把父亲摘下来的柿子轻轻放好。

"你们两个小心点儿，别摔倒了。"父亲在上面看着两个女儿在下面一直仰着头，提醒道。

"知道了！"姐妹俩的回答声里满是笑意，她们把一个个金灿灿的柿子小心放好，闻到的都是柿子成熟散发的果香。

摘完柿子之后，她们就按照柿子的品相将其分类。

不好看的留给自己，漂亮匀称的送给亲戚和邻居。这是每年分柿子的规矩。方秋子一家从来没有想过把不好看的送给别人，把漂亮均匀的留给自己。

有时候，方秋子会和父亲一起去给大家送柿子。

"老方，这柿子真好看，谢谢你，我们拿一两个尝尝就行了，多的留给孩子吃吧！"亲戚们不好意思每年都收方秋子家的柿子。

"这算啥！你收下，我家还有很多呢。"父亲热情地回答道。

方秋子看着长辈间充满善意的推辞，也笑了。

方秋子说，其他人家会把柿子拿到集市上卖掉换钱，但她父母觉得送给别人吃更有意义。家里种的菜吃不完，妈妈也会送给邻居。

方秋子回忆道："我的父母永远都是一副笑模样。"在并不富裕的日子里，父母依然笑容满面，因为他们都有一颗发现生活之美和乐于助人的心。

质朴的家风

"我家不是书香门第，我父母就是普通人。"每当有人询问方秋子，她的父母是不是很有文化能给她取这么好听的名字时，方秋子如是回答。

方秋子的姐姐在春天出生，母亲想着春天百花争艳，就给她取名叫春艳。方秋子是秋天生的，母亲说："到了秋天，果子就成熟了。"所以，母亲就给她取名叫秋子。

名字寄托着父母对子女的期望，方家夫妇将自己质朴且不落俗套的殷切希望寄托在姐姐欣欣向荣的名字"方春艳"以及妹妹硕果累累的名字"方秋子"之中，希望她们与大自然一样，生生不息。

中国女性勤勉顾家、热爱生活、坚韧不拔，就仿佛是大地之母，孕育着生活在这片土地上的生命。方秋子的母亲正是她们的缩影。

母亲11岁的时候，方秋子的姥姥因难产去世。在那之后，母亲就接过了照顾家庭的担子。母亲年轻的时候吃了好多苦，还走街串巷卖过衣服、袜子，后来就算结了婚，也是过着简单的日子。

方秋子与姐姐在这个虽然不富裕，却安逸舒适的家庭里度过了快乐的童年时光，父母的品行深刻影响着姐妹俩，父母的爱支撑她们渡过一道又一道难关。"那时日子过得拮据，但我们家每天都有笑声。"回忆起那段日子，方秋子笑着说道。

幸运的人用童年治愈一生，不幸的人用一生去治愈童年。

方秋子的父亲最早在合作社上班，那个年代的合作社算是"铁饭碗"了，后来因为一些特殊原因，他不干了，就改在其他地方上班。

小时候，父亲下班了，走进屋子，也不坐下来休息休息，也不在门口和乡里乡亲唠唠家常，而是径直走到放农具的地方，抄起农具就去自己家的农田里干活儿。

父亲挥起锄头，给农田松土。等到夕阳西下，落日的余晖从地平线散射过来，投在父亲身上。夕阳是金黄色的，傍晚的余晖也是金黄色的，把整个田野变成了金黄色的乐园。方秋子有时候在田间玩耍，父亲就在不远处锄地，他的身影随着每一次挥动锄头的动作起起伏伏，夕阳斜照在父亲的手臂上，给这幅画面染上了一层温暖的金黄色。这场景一直定格在方秋子关于童年的记忆当中。

现在父亲年龄大了，但是也闲不住，有时候会给别人家帮帮忙。因为父亲有糖尿病，方秋子和姐姐经常劝他不要干太多活儿，最好是不要干活儿，累了一辈子，老了要享受生活。父亲拒绝了姐妹俩的建议，说自己不干活儿就浑身不舒服。

方秋子的姐姐也是一名党员，曾被评为北京市城乡社区共建先进个人，工作非常出色。正如她欣欣向荣的名字"方春艳"一样，她也为自己所服务的群众带去了满满的活力。"我和姐姐受父亲的影响很大，父亲年轻时就特别想入党，却未能如愿。他的两个女儿入了党，也算替他完成了心愿，父亲特别为我们自豪！"方秋子说，虽然父亲没能入党，但他一辈子都以党员的标准要求自己。

每次说起自己的父母，方秋子话语里无不是对父母的感恩，她为自己有如此真诚且质朴的父母而感到骄傲。

第二章　富有生命力的新工人

扫码解锁

◎群英颂歌◎微笑名片
◎交通强国◎奋斗底色

入职的迷茫

　　小学时期的方秋子比较调皮，但不属于捣乱的那种，学习也不拔尖，她是班级里那种中规中矩的学生。方秋子初中就读于牛山三中，毕业后，就没有继续上高中。当时初中毕业上中专和职高比较流行，因为毕业后包分配。方秋子选择了北京现代职业技术学院，学的是计算机专业。

　　2005年时，方秋子已经在北京现代职业技术学院上了一年半的理论课，接下来的一年半就是实习和找工作了。

　　那时，刚好北京市首都公路发展集团有限公司（以下简称"首发集团"）来学校招聘员工。首发集团是国企，有保障，是个很不错的工作单位。只是报名的人太多，且首发集团只招30人，加之方秋子的专业和招聘的岗位不太符合，当时她就没想着能应聘上。

　　"我有点儿害怕，不知道面试时会问什么问题。"

　　"我也是，真希望可以通过。"

　　"首发集团可是好单位，谁不想通过？"

　　面试现场都是同龄人，大家说到底还是学生，对即将到来的面试都有点儿紧张。方秋子也很紧张，心里十分没底。好在方秋子的室友和她在同一组面试，两个小姑娘就不停地互相加油打气。

　　"你有什么特长？"面试官问方秋子。

方秋子虽然心里有点儿疑惑，但还是如实回答："我没有什么特长，就是跳高还行，上初中的时候参加学校运动会的跳高比赛拿了第三名。"

面试结束后，方秋子觉得自己在面试时没有表现好，感觉首发集团不会录用自己，就直接准备下一场打字员的面试了。没想到，她最后居然通过了首发集团的招聘。方秋子喜出望外，连忙把消息分享给家人，大家都很高兴。

后来她才得知，首发集团注重员工的全面发展，每年都会举办运动会、歌咏比赛、联欢会等，也更倾向于录用有特长的面试者。方秋子没想到，自己的一个小特长为自己的面试表现加了分。

这算是一个意外之喜，对方秋子和首发集团来说，都是如此。

在此之前，方秋子从来没有想过自己会成为一名高速公路收费员。那个时候，她对高速公路收费员这个职业也不了解，只知道上高速要收费，这个岗位跟超市的收银员差不多，司机到收费岗交费，收费员找钱给票就可以了。之前她跟家里人走高速的时候没有想过自己会成为坐在收费岗里的收费员，对收费员的认知也仅有这些。

后来，方秋子回想，大概是缘分使自己成为一名高速公路收费员。如果当初自己没有面试成功，很可能去做一名打字员。

方秋子与首发集团的缘分，就此开始。

2005年4月，18岁的方秋子入职首发集团。刚开始新人都要军训，强度可一点儿不比学生时期的军训低。首发集团采用的是半军事化管理，床单被罩都是统一发的，连被子都要叠成"豆腐块儿"。那时候方秋子就感受到了这个单位制度严格，懒散不得。

在大太阳底下，一群小姑娘在场地上站军姿，腿绷得直直的，双手紧紧贴着裤缝，脊背挺直。烈日炎炎，耀眼的太阳光使人睁不开眼，豆大的汗珠从姑娘们的脸庞滚落，她们却不能伸手去擦，只能咬牙坚持。几天下来，就有几个女孩子坚持不住，选择离开单位。

方秋子当时也和她们一样在炎热的天气里训练，但她心态好，想着这和学生时期的军训差不多，坚持坚持就好了。就是以这样的心态，她坚持了下来。

军训结束以后，方秋子被分到京承收费站实习。未来的一切都是未知数，方秋子满怀期待。

刚刚踏入行业的方秋子，首先要面对的是理论培训与考试。刚入职的新人是不能直接上岗的，师傅偶尔会带新人们去岗上转两圈，使之有个大概印象，之后就是在会议室进行理论培训，培训的内容大多数是需要背下来的基础业务知识。方秋子一群人还拿到了服务手册，也有需要背的内容，这些加起来，要背的内容就非常多了。

这可就难为方秋子了，她在学生时期就不擅长背诵，现在工作了，第一关就要背东西，而且还要参加考试。那个时候，方秋子基本上整天都在背书，不停地背书，背了忘，忘了背。

学习阶段，她跟着班组里收费工作做得最好的收费员，也就是她的师傅学习。

师傅上岗收费时，方秋子就与其他学员在边上学习怎么操作。师傅熟练地操作着工具，纸币在她的动作间翻飞，方秋子觉得收费员的工作特别简单，便跃跃欲试。

2005年，高速的通行费多是5元、15元、30元、50元这样的整数，没有几块几毛的零头，收费员要做的大部分是100以内的加减法。方秋子觉得这挺简单的，自己完全可以胜任这份工作，所以想赶紧出师，独立上岗收费。

但是刚开始时，师傅不让学员单独收费，因为学员没有自主收费的资格，犯了错都算师傅的，得扣师傅的分，所以师傅一般都是先让学员学习与观察。

收费也有一套流程与规则。师傅会把收费的流程、操作方法教授给学员。岗上的车型比较多，分客车和货车。客车当时是分ABCD型，货车分ABCDE型……

方秋子班上有一个年龄稍微大一点儿的姐姐，她学得比较快，因为她之前就在别的单位上过班，比较有经验，所以不久之后，师傅就让她自己独立收费了。

方秋子从小就比较要强，她看人家独立上岗收费了，自己就按捺不住了，主动和师傅说："我也想自己收。"

付出终有回报，最后，她通过了考试正式坐在岗亭里了。"终于熬进岗亭了。"方秋子对自己通过考试来到岗亭还是很激动的。考试只是方秋子职业生涯的第一个挑战，之后她还要面对无数个挑战。

不服输的姑娘

收费站的工作可不是一份朝九晚五的工作，而是采用轮班制且没有节假日的，因为收费站24小时都得有人。一天24小时被平均分为4个班，由于是轮班制，所以收费员们都无法固定在一个时间上班。

一般人六七点起床、吃早饭、上班，而此时收费员很可能刚刚下班。夜班更是难熬，夜越深，人就越容易犯困，尤其凌晨2点到4点，是人最容易犯困的时候。虽然收费站灯火通明，但是深夜过路的车辆很少，可能一个晚上只有几辆车路过，上班时十分枯燥。偏偏方秋子他们还要打起精神，因为在工作中不允许犯错。

轮班制把收费员的作息规律打乱了，因为经常需要熬夜，导致他们容易出现身体不适的情况。但是他们做的是收钱的工作，不允许出错，需要保持高度清醒。如果他们多收了钱，要上交银行，还会被扣分，扣分会影响本月工资、下个月的排班，还会影响年终奖；如果他们少收了钱或者收到假币，就得自己赔，而且也扣分。他们收多收少都不行，必须是正好的。此外，还有一些因为政策免除高速公路费的车辆，那个时候设备没有现在先进，车牌号没有录入电脑，就需要收费员去背这些车辆的车牌号。这些工作需要收费员的体力和脑力都跟得上。收费员在岗上的时间大部分是在进行重复劳动，机械性地收卡、放卡、收钱、找钱，但需要收费员集中注意力，很辛苦，又自己一个人在那小小的三尺岗亭里工作，很枯燥。

方秋子一个小姑娘面对这么多困难，也是心力交瘁。刚刚通过考试来到岗亭的喜悦与激动已经荡然无存，只有茫然与疲惫。工作干得不顺利，方秋子感觉很难熬，心里难受，有一段时间动不动就哭鼻子。

其实方秋子也不适应收费站的轮班制。日夜颠倒的作息使她整天十分疲惫。她刚开始上班时，黑眼圈出现在她那双原本亮晶晶的眼睛周围。生物钟被打乱，她的精神也不太好。

但是工作马虎不得，工作的时候就要集中注意力。方秋子往往是一到岗位就打起精神，拍拍自己的脸蛋儿，清醒一下，然后投入工作。

看着同期进来的同事没干多久就哭着走了，方秋子也想过离职。其实她的压力更大。在职高时，她学的是计算机专业，和现在所从事的收费员工作根本不对口，加上京承收费站车流量很大，车辆来来往往、川流不息，每天工作时她都战战兢兢。可以说，她是从头开始学习如何收费的。

"你可不可以快一点儿，等你半天了！"刚开始工作的时候，方秋子还不熟练，经常受到司机的责怪甚至谩骂。

方秋子刚刚开始独立收费会有一点儿慢，有些司机不太理解，但她依然笑着回应着每位司机："不好意思师傅，我刚刚上岗收费，对业务还不熟练，您多担待。"

这段时间有几个跟方秋子一起入职的实习生陆续离职，有的熬不了夜，有的觉得工作太累，有的觉得工作太枯燥。大家的离开，使方秋子的情绪产生了波动。

方秋子心里也有了离职的想法，准备回家和家里人商量一下。"倒班可太熬人了。"她心里暗暗想着，攥了攥手。一次休息时，方秋子回了趟家。

刚好姐姐也在家。方秋子的姐姐比她大7岁，比她早步入社会，也比她有经验。

站在自己家门口，方秋子深吸一口气，缓解一下紧张的情绪，当初告知家里人自己被首发集团录取时有多高兴，现在就有多紧张。

"爸、妈，我回来了！"方秋子踏入了房门。

"秋子回来啦！"

一家人聚在一起唠家常，讲着最近发生的趣事儿。方秋子看着家里人其乐融融，迟迟开不了提辞职的口，但是想到自打入职以来自己处处不顺，几乎每天都要哭一次，还是硬着头皮说："爸、妈，我想换一份工作。"

"怎么啦？不是刚上岗吗？怎么就想换工作了？"家人关切地问道。

方秋子心里委屈，眼睛里闪着泪花，把这段日子以来的苦闷一股脑儿倾诉了出来，说好多一起入职的人没干多久就走了。

家人看着方秋子的眼睛，这才意识到，原来在他们看来不错的工作，对方秋子来说却有这么多困难。父亲也心疼地看着自己的女儿，这可是自己从小疼到大的女儿。

人世间这么多事儿，十有八九是不如意的。万事开头难，但是不该碰到困难就逃避。如果那样，天底下就没有能成的事了。

"唉！"父亲叹了一口气，看着方秋子说，"秋子，爸爸没有做过你的工作，也没有读过很多书。爸爸知道这段日子你受了很多委屈，但是爸爸觉得天底下没有什么工作是容易的，这份工作你才开始接触，虽然有很多困难，但是坚持就是胜利，要不要再坚持一下？等过段日子再看看合不合适，好不好？"

姐姐也心疼方秋子，但是这些年的工作经历告诉她，妹妹刚上岗就辞去这份工作不太合适。姐姐说："秋子，你的单位可是国企，工作有保障。现在辞去这份工作，你找的其他工作可能条件还不如现在的，甚至工作强度更大。咱们再坚持一下，如果实在不喜欢这份工作，再辞职也不迟。"

父亲的话质朴且真诚，姐姐也给自己分析了利弊，方秋子知道父亲和姐姐都是为自己着想。看着家人关切的目光，她觉得父亲和姐姐说得有道理。遇到困难就放弃，不是自己的风格，现在工作才开始，说不定是自己还不适应，再坚持一下，或许就"柳暗花明又一村"了。

父亲告诉方秋子"坚持就是胜利"，她记着父亲的叮嘱，等再一次回到岗位时，用全新的眼光看待自己的工作，思索这份工作的意义。

收拾好心情的方秋子开始更加认真地对待工作。

假币风波

危机在一次夜班的时候来临。

那一次夜班大家都很困，又是后半夜时间段，车流量很少。如果车流量大，收费员一直工作反而容易集中精力，但是车流量少，他们在黑夜中只会越来越困。

收费岗亭四面都是玻璃，在浓重的夜色中透出光亮，仿佛黑夜里的灯塔，为远行的车辆指引方向。

方秋子发现邻道的收费员好像犯困了，师傅也看出来了，对方秋子说："我过去跟她待一会儿，省得她睡着了被稽查查到扣奖金。"

"行啊，没问题，您就把心放到肚子里吧！"方秋子胸有成竹地回答道。

结果，问题就来了。

方秋子收到了一张百元假币。

那个时候，方秋子年龄还小，自己的存款也不多，很少能摸到100元的纸币，因此很难分辨出假币。当时收费员基本不用验钞机，一是因为慢，等验完纸币，通道的队伍就排得很长了，影响收费速度；二是因为验钞机长期使用会积累灰尘，导致验钞机的准确率会下降。

当时方秋子正在实习期，收费的时候，司机还向方秋子问路，方秋子一边回答他的问题，一边收钱。这个时候，方秋子心里就开始隐隐担心，怕把钱收错了，结果她的注意力被分散，嘴上说着、心里想着、手上动着，果然就出错了。

等那辆车一走，方秋子再一看钱就觉得不对劲儿，赶紧喊来师傅。师傅就在隔壁，过来一看——收到假币了！

方秋子一颗心犹如坠入冰窖，懊悔、委屈、自责、羞耻……种种情绪瞬间涌上了心头。

当时一个月实习工资才600块钱，这一错，她就得自己掏100元。

或许因为她太年轻，不够沉稳，或许因为她经验不足，才没有当即辨别出假币。

相比于损失钱财，方秋子更伤心于自己在工作上的失误。赔偿公司的损失只是惩罚的手段，犯错了就要受罚，这倒没什么。但是方秋子心中的惭愧与自责使她倍感煎熬。想当初拍着胸脯跟师傅夸下海口，自己信誓旦旦地说"不会出错"，结果立马就收到了假币。

在这之前，方秋子觉得自己学得很快，期望早日独立上岗收费。而这次的教训像给她泼了一盆冷水。方秋子自责得翻来覆去睡不着，她躺在床上，反思自己的错误。

收费员这份工作并不是这么容易的。后来，方秋子回想着自己在工作初期遇到各种大大小小的挫折，大家都是这样一路摸爬滚打过来的。

她记得自己第一次坐在收费窗口时的情景。收费车道里排着长长的车队，后面的车一辆接着一辆进入车道，喇叭声此起彼伏，催促着队伍前进。她的心绪被扰乱，属于自己的节奏也乱了，更加手忙脚乱。不是收了钱忘记打票，就是打了票忘记收钱，越乱越急，越急越乱，培训时练习的动作顺序全忘了，急得她满头大汗。方秋子为自己的慌乱感到羞愧，只能一个劲儿地跟司机道歉。后来多亏了师傅替她解围，才没造成车道堵塞。方秋子在一旁看着师傅熟练地打票、收费，车一辆接一辆地通过，心中想："要做到像师傅一样业务熟练，能让车辆快速通过，自己还有很长的路要走。"

"坚持就是胜利。"父亲告诉方秋子，"天底下没有简单的事情。"

对这次收假币事件进行反思后，方秋子打起精神，决定好好锻炼以提升自己的业务水平，绝对不要再落入如此难堪的境地。

正因为她是年轻的方秋子，正因为她是要强的方秋子，正因为她是坚信"坚持就是胜利"的方秋子，以此次教训为分水岭，方秋子以后再也没有错收过假币，并且靠着自己的勤勉与敬业，成为该行业的"服务状元"。

三百六十行，行行出状元。有人曾经说过："无论干什么，只要做到极致就是艺术。"此后，方秋子的努力就是这句话最完美的注脚。

方秋子选择先提升自己对假币的辨别能力。

"秋子，还在看假币呢。"

"多看看，下次我可不能再收假币了。"方秋子回答道。

为了能够一眼辨别出假币，方秋子除了上班和睡觉，其他时间都在研究假币。

方秋子百次、千次地触摸假币，把假币和真钞摸起来的细微差别牢记于心。假币纸张偏厚，抖动或用手弹时声音发闷，表明其缺乏真钞纸张的韧性。

功夫不负有心人，几个月后，方秋子做到了一摸纸币、一听声音就能分辨真伪。

方秋子不仅从纸币的细节上辨别真伪，还从人这个方面判断，甚至偷偷练习观察人的表情。方秋子说："给假币的人，大多会紧张不安或故意搭话。"如果司机给了纸币之后，故意搭话分散她的注意力，她就会更加谨慎。慢慢地，她炼就了一双如验钞机般的火眼金睛。

然而，炼就一双火眼金睛还不够，方秋子又对自己提出了更高的要求。

勤学苦练

方秋子意识到，自己还要接着练。她不仅依照程序按部就班地练，还要鞭策自己，给自己"加餐"，把更多的时间投入"练功"当中。

方秋子像个战略家一样思考，先是站在整体的角度，把收费的整个过程划分成几个环节，再把各个环节的难点逐个击破。她本可以选择规规矩矩地接受培训、上岗，可能不会出色，但也不会出大错。但是正是因为她是不甘平庸的方秋子，她选择了"与众不同"，而往往也正是"与众不同"的人可以改变世界。

"练功"第一步：快速准确找零。

在收费岗找零可不是数学试卷中情景题里数字的加加减减。收费岗周围充斥着车的轰鸣声、人员的交谈声等噪声。如何才能在车来车往甚至司机还会问路的情况下保证准确且快速地找零呢？有没有这么一个可以"媲美"收费岗的嘈杂又可以随时"练功"的地方呢？

方秋子立刻想到了一个绝佳的"练功"地——菜市场。

"西红柿多少钱一斤？"

"很便宜的，多拿几个！"

"这菜可是今天刚摘的，可新鲜了！"

"我和你说呀，今天我……"

菜贩们在自己的摊位上吆喝，顾客与商户你来我往、讨价还价，结伴而行的顾客与自己的伙伴分享趣事儿。

早晨的菜市场，可以说是一座城市中非常有生命力的地方，满是烟火气。

那里的喧闹比起岗亭有过之而无不及，对方秋子来说是"练功"的绝佳场所。从那之后，她经常往菜市场跑。

菜市场的商户能够做到准确算出顾客买菜的金额后，迅速地收钱、找钱，哪怕菜市场环境嘈杂，哪怕顾客还在和他们聊天。

为了训练自己能做到像商户那样收费、找零丝毫不乱，方秋子在菜市场中穿梭、驻足、计算。顾客买菜时，她就在脑海里快速计算价钱，然后和商户比对一下看看自己算得对不对，看看自己能不能比商户更快算出数字。在一次次的训练中，她计算得越来越娴熟，计算速度也越来越快。

菜市场过手的钱有零有整，不像收费站大多数是整钱，这给找钱增加了难度。快、准、零差错找钱就是这样练出来的。

"练功"第二步：快速判断车型。

收费员和司机接触的时间不过短短十几秒，在这十几秒内，收费员要严格按照收费操作规程进行收费、发票，确保不出差错。临界车型、计次车、特种车型等，收费员都要熟记于心、熟练操作，不能因为业务不精影响司乘通过收费站口。

方秋子判别不好车型，她就利用休息时间翻书籍、逛车市、找专家。

闻道有先后，术业有专攻。方秋子决定去向汽车市场的师傅们请教，他们每天都与汽车打交道，肯定对汽车的类型很清楚，说不定她可以学到快速辨别车型的方法。

"师傅，您好！我叫方秋子，是一位高速公路收费员。"方秋子笑着向汽车市场的师傅们讲明来意。

师傅们看着眼前这个小姑娘，感到新奇。为了加深对车辆类型的了解而来汽车市场向他们请教的高速公路收费员，还真是不多见。

感受到方秋子请教时的认真态度以及对工作的负责，师傅们也不吝啬自己的知识，将各种辨别方法一一向方秋子讲授。方秋子一边听，一边记笔记。

回去之后，灯光下，是方秋子低头认真整理笔记的身影。

分类记录，强化记忆，最终方秋子总结出了"数车胎螺栓区分货车，数窗户区分客车"的快速判别车型的方法。

"练功"第三步：熟练点钞手法。

当看到老员工五花八门的点钞手法和令人惊叹的收费速度时，方秋子暗暗下定决心，一定要苦练收费业务。为了让点钞的速度能够更快一点儿，让车通过的速度更快一点儿，方秋子刻苦练习点钞技术。手指被割破了就缠上创可贴，接着练；指纹被磨平了，也接着练，直到把茧子磨出来。

在勤学苦练下，方秋子炼就了"判别车型一眼准""打票收费一手快""唱收唱付一口清""点钞识钞一指明"的娴熟技能。皇天不负苦心人，从10秒到5秒再到2.5秒，通过方秋子窗口的车越来越多，也越来越快了。看着自己的进步，方秋子分外激动与高兴，自己的付出终于有了回报！

可方秋子没有就此满足，在往后的日子里，她以每分钟点钞400多张、单车最快收费2秒的速度，在北京市所辖高速公路收费员中名列前茅，成为连续11年收费零差错、零投诉的"行业状元"。

⊙ 方秋子正在练习点钞

第三章　在工作中成长

扫码解锁

◉群英颂歌◉微笑名片
◉交通强国◉奋斗底色

热爱与专注

在收费员的岗位上与这些司机接触越久，方秋子就越意识到，只掌握娴熟的收费技术是远远不够的，自己还需要站在对方的角度来将心比心、换位思考。

透过收费岗的这个小小窗口，方秋子看到了神态各异的人。有的司机因为长途跋涉神色疲惫，她尽量少说话，不打扰司机的情绪；有的司机嘴角上扬，看起来心情很好，如果恰好当时车辆不多，她就会跟对方聊几句；有的司机表情着急，她就会询问是否需要帮助。

除私家车司机外，出租车司机也经常路过机场线收费站。跑机场线的出租车司机，看中的是从机场到市区距离远，单趟行程的车费高。

有一次，方秋子看到一位出租车司机一天之内过了三次机场线的收费站，可想而知今天他收获颇丰，方秋子真心为他感到高兴。收费时，方秋子透过小小的窗口，笑着问："师傅您今天生意挺好的，咱们都见三回了，恭喜恭喜！"司机本就因为今天生意好而高兴，再听到方秋子这么说，被逗得哈哈大笑。"良言一句三冬暖，恶语伤人六月寒"。许是感受到方秋子的真诚善良，下次过收费站时，这个司机专门走了方秋子负责的窗口。

刚工作时的方秋子怎么也没有想到有一天自己会与这些司机建

立起美好的情谊。对她来说，收费员的工作不仅仅是一份换取钱财的工作，也不再是重复且枯燥的操作。通过自己的小小窗口，方秋子与工作中碰到的人建立联系，产生了情感交流。

有一天，当方秋子像往常一样把发票递给司机的时候，司机突然说："姑娘，我每次绕个道儿都愿意从你这儿走，就想看你的微笑。谢谢啊！"

方秋子感到很惊喜，没有想到自己的微笑可以给这位司机带去温暖。他的感谢让方秋子的心里涌起暖流，也让她认识到微笑是礼貌，更是送到司机心坎上的温暖。

这也为将来秋子品牌的微笑服务做了铺垫。有人问方秋子，笑一天不累吗？"会累，可是当司机回馈我一个微笑时，我会觉得很值得。"这就是方秋子的回答。

方秋子渐渐看到了这份工作的价值，并且为之骄傲。她可以很自信地向别人介绍自己的职业："我是一名高速公路收费员。"

有了内驱力，方秋子在工作中表现得越来越出色。

别人看方秋子的业绩这么出色，就问她有什么经验，方秋子的回答始终如一："干一行，爱一行，专一行。"

是的，唯有热爱可以带我们跨过平庸。汪曾祺先生曾说："人总要待在一种什么东西里，沉溺其中。苟有所得，才能证实自己的存在，切实地活出自己的价值。"方秋子不再把收费员的工作仅仅看成一份工作，而是把它看成终身事业，并为之而奋斗。

慢慢地，方秋子适应了工作节奏并且不断成长。她很庆幸当初自己选择了坚持，不仅留在了首发集团工作，还越来越优秀。

虽然有时候上夜班方秋子也会感到困倦，但是只要有车进入车道，她就会立马进入工作状态。

在方秋子可以独立上岗收费之后，碰到一次稽查来查账。

稽查查账时，需要把这个收费岗对应的车道关闭，然后让员工把兜里的东西全部掏出来，有的时候甚至会把地上的地垫儿都掀起来，以防员工藏钱，检查得非常严格。

那次查账，稽查用计算器算过之后，说方秋子的账上少了5元。方秋子凭借对自己专业素养的自信，立马说："不可能！"

方秋子的班长在后面用手捅了她一下，示意她态度软一点儿，别说错话得罪了稽查。方秋子明白班长的好意，但是她仍然说："我不可能算错。"

如果是在其他方面说方秋子出错了，她可能还会思索一下，但是事关自己的工作水平，她坚信自己不会出错。这是她对自己工作能力的自信，也是对自己日日夜夜辛勤付出的自信。虽然在岗位上工作时方秋子不能提前查账，但是她心里有谱，肯定不会收错钱。稽查看着方秋子年纪轻轻却如此坚定，又重新算了一下，发现果然是自己算错了。

方秋子的笃定来自她出色的工作能力。在收费的过程中，她每收一辆车，都要确保自己没有出错，才接着收下一辆，并且一心一意，过去后就不再思考之前车辆收费的对错。所以，即使连续工作6个小时，方秋子的心里都是有底的。

比如方秋子工作的收费站一天要通过1300辆汽车，她就要盖1300张票，收1300辆车的钱，然后再收回1300张不同站点的卡。收完卡以后，有些收费员有时需要班长帮忙整理，但是方秋子从来都不用班长帮忙，她自己一边收费一边就整理好了。如果在整理卡的过程中来车了，方秋子就把卡折起来，或者做个记号放到一边，然后开始收费。收完费以后如果有空闲时间，她就开始盖章。大多数情况下，方秋子这边章还没盖完，那边又来车了，她就放下手头的工作，再接着收费。

就这样，方秋子见缝插针，把碎片的时间利用起来。她借着车辆通过的空隙整理卡，6个小时能收1300多辆车的钱，甚至最多时收了超过1500辆车的钱。其实车辆多的时候，收费员的工作是相当忙碌的，但是方秋子可以做到忙而不乱、动作娴熟、收费迅速。

大家的开心果

当时，刚入职的收费员都是分在主站跟着师傅学习的，等练得差不多可以独立收费以后，再分到各个班组。于是，方秋子在完成入职培训，可以独立收费之后，于2005年年底被分到了后沙峪收费站。

虽然新的工作地是个小型收费站，方秋子所在的车道却是考核系数最高的一条。

当时的考核规则是这样的：按车流量算，如果收费员不算错账的话就不扣分。在不算错账的情况下，收费员所在的车道车流量越大，系数就越高。（按流量来说，最差的一条车道，可能收两辆车才可以顶其他车道收一辆车的绩效，可是好的车道可能收一辆车顶其他车道收两辆车的绩效，这样系数就更高了。）

收费员的薪资是跟绩效考核挂钩的。当时方秋子业务水平过硬，既不会算错账，服务态度又好，所以她就一直负责同一条车道。因为收费站是按收费员的考核安排收费车道的，如果考核扣分了，就要更换车道，被安排去次等车道，那种车道一晚上可能就过一两辆车。

因为方秋子不下去，别人也上不来，原先的车道就一直由她负责。由此，方秋子认识了好多司机。这些司机有些就在后沙峪住，每天从后沙峪走京承高速到市里上班，晚上再下班回家。他们为了生活辛苦奔波，方秋子每天都能看见熟悉的面孔。

有一位司机每天都从方秋子负责的车道走。有一次在收费的时候，这位司机看着方秋子说："姑娘，你把你电话和工号写给我呗。"方秋子年轻，心思单纯，也不敢请司机打表扬电话。司机第一次让方秋子写工号时，方秋子没好意思写，第二次也一样。到第三次司机让方秋子写工号时，她实在不好意思再推辞，就拿一张纸写了下来，之后司机就给单位打了电话表扬她。

方秋子到现在还记得那位司机的车牌号。收费员和司机的接触可能就十几秒，但是在这十几秒中，方秋子以最真诚的态度、最出色的工作水平服务来往的司机。她与司机们彼此真诚相待，她待司机们以微笑，司机们回报她感谢与赞扬，这是最真挚的感情交流。

单位有着非常严格的廉洁原则，严禁收费员跟司机索要财物。如果司机主动给一些食品的话，收费员可以收下，但禁止在岗上吃，并且需要上报监控说明自己负责哪条车道，今天有司机主动送了什么，监控方同意之后，才可以带回去。那时候，方秋子就时不时收到司机们好心送的礼物。

方秋子从小就乐观开朗，见人还未说话，脸上先有三分笑意，整天乐呵呵的。司机们看这小姑娘整天笑容满面、精神昂扬，总说这小姑娘挺喜庆的，有时也会跟方秋子多说两句。有一次下夜班，有位司机给方秋子拿了一包糖炒栗子，她下班后，拿着糖炒栗子回宿舍，几个小姑娘在宿舍一起吃糖炒栗子，格外开心。

虽然糖炒栗子不是什么贵重礼品，但是代表着司机真心的感谢和对方秋子出色工作的肯定。

当时单位每个月的考核方秋子的系数都超过1，等到年底的时候，她的年终考核系数是1.123，位列全站第一。在后来的"服务之星"评选活动中，方秋子也表现优异，到现在方秋子还收藏着当初被评为"服务之星"的小卡片。

为奥运做准备

2007年，单位领导发现方秋子经常有表扬电话，考核系数也高，觉得她服务态度真诚、业务能力出色、乐观开朗、形象好，方方面面都不错，就把她调回主站专用车道了。到主站专用车道后，方秋子还是负责车道收费，到2008年3月，她又被调到了机场南线岗山收费站。

机场南线岗山收费站于2008年2月28日开通，是链接首都国际机场与北京市区的重要通道，从收费站到机场的这段路被誉为首都的"新国门"路，方秋子于2008年3月调入机场南线收费所参与2008年北京奥运会的通行保障工作。

分公司精挑细选了一批人来岗山收费站，为奥运盛事做准备。2008年北京奥运会的举办实现了中国百年的奥运梦，每一个中国人都为之振奋。

因为在京承收费站的工作时间长，认识的人比较多，方秋子本身就是比较念旧的人，她对京承收费站周围的环境比较熟悉，突然要调去一个新的地方，方秋子感到难以适应，不想去。

于是，她找到负责外业的副所长哭诉自己不想被调走。领导表示他们也不想方秋子走，但是方秋子是公司专门挑选的，是为了能够顺利完成2008年北京奥运会的通行保障工作而做出的决定，她代表公司的形象，向来到北京的朋友表达我们的热情。听了领导的话，方秋子深感责任的重大，使命光荣，心里也暗下决心，一定要顺利完成2008年北京奥运会的通行保障工作。

那时的方秋子说到底还只是一个年轻的小姑娘，会因为突然被调去一个新岗位而哭鼻子。但她同时也是一名收费员，本着敬业爱业的原则，她努力克服新环境带来的不适感，工作也尽心尽力，全力配合公司。

2008年5月，方秋子被提拔为副班长。副班长也是跟着班组正常运转的，只是不太固定盯岗，有时缺人就盯一会儿，其余时间主要配合班长做一些班组的维稳管理事务，一个班组有一名班长和两名副班长。

这段时间的工作经历让方秋子明白，收费员在收费、服务群众、与司机交流的过程中，光有娴熟的技术远远不够，过于程式化的服务，过于流水线化的步骤会缺少人情味儿，缺少对司机的人文关怀。收费员只有换位思考、将心比心、真诚待人，站在司机的角度考虑问题，才能服务到位。

当时为了保障2008年北京奥运会成功举办，方秋子和她的同事们总结出了"服务过程四部曲"：一个微笑、两句问候、三种目光、四步动作。"一个微笑"是让人感到宾至如归、有亲切感的真诚微笑；"两句问候"是"您好""再见"，当然，方秋子和她的同事们会增加一些情景问候，比如"上午好""下午好""晚上好""雨天路滑请您慢行""雪天路滑请您慢行""节日好"；"三种目光"是对司机迎接的目光、交流的目光和送行的目光；"四步动作"是迎姿、坐式、接卡递票和放行。收费站的员工们把这些融入日常的收费工作中，以前可能觉得没有什么特别的细节，就是简单的问候"您好"，把钱收了确保无误就行。但是随着社会的进步，对于收费工作的要求也越来越高了。除准确收费之外，人民群众也更注重服务水平了。

方秋子他们还充分考虑了服务细节。比如收费员不能一直盯着司机看，这样会让对方感到尴尬；在迎接司机时，要坐在椅子的1/3处，这样子上身更挺直，能呈现出良好的精神状态；收费员要提前伸手出去，示意司机减速停车，到收费窗口要缴费了；给司机递票卡时，收费员要拿在票卡的1/3处，因为拿的太多，司机接票卡时就没有空间了；最后要加上一个点头送行的动作等。

时刻保持亲切的微笑并非一件容易的事。对部分同事而言，笑久了面部容易僵硬、不自在。为了做好微笑服务，方秋子根据自己平时积累的经验，摸索发明了"筷子练习法"，即将一根筷子横咬在口中，嘴角与筷身紧贴并面带微笑，长此以往就能练成标准的"八颗牙"式的亲切笑容，而且笑容自然、大方、得体。大家纷纷效仿，这样的微笑出现在当时收费站每一个工作人员的脸上，如今这微笑已成为首都高速公路服务窗口的"首都表情"。

⊙ 方秋子正在用"筷子练习法"练习微笑

⊙ 方秋子工作照（2008年）

奥运背后的工作者

当时为2008年北京奥运会的通行保障工作做准备，单位对工作人员的要求特别高，还特意为方秋子他们设计了新的工服。当时方秋子是在奥运赛事专用车道工作。为了做好保障工作，她连续一段时间都没有回家。那个时候，方秋子把自己所有的时间都献给了工作。

当奥运勤务车队经过的时候，方秋子他们就与交警配合。

"放车！"

"断车！"

收费员们与交警配合默契，交警说放车他们就放车，交警说断车他们就立马断车。

头顶的太阳发出灿烂的光芒，在阳光下，大大小小的车辆随着交警一声"放车"，全部挪动起来。不同颜色的汽车在太阳光的照射下呈现出各种耀眼的颜色。一辆车跟着一辆车，可真是川流不息，加之那个站区范围比较大，能承接的车辆也比较多，场面特别壮观。

方秋子被眼前的场景所震撼，实实在在地感受到了奥运会带来的影响，觉得能在北京奥运会这样的盛事中贡献自己的一份绵薄之力，幸甚至哉！

那个时候，方秋子与同事们每天在现场跑来跑去。因为担心车辆会比预计时间提前到达，所以收费员都提前给过路的车辆盖章，现场给司机们撕票，并且加快抬杆操作速度，那段时间需要让车辆快速通过。方秋子他们时刻担心车道内出现意外，于是时刻待命、全程盯岗，如果发生什么意外，他们就立马冲过去处理，确保不堵车。"快快快！"这样的指令经常充斥在方秋子他们的工作中，虽然忙碌，但是值得，一切都是为了2008年北京奥运会能够顺利举办。

正常上班的时候，方秋子就在岗上，休班的时候也不回家，她就戴着绶带站在奥运赛事车道前边为奥运车辆服务，与其他几名服务大使倒班站岗。当时队伍里有一个小姑娘，方秋子看她的脖子都晒伤了，就让她在休息室里多待一会儿，自己则替她多站一会儿。那会儿方秋子也年轻，不觉得有多累，多站一会儿少站一会儿，没有必要计较那么清楚。方秋子的善意让这个小姑娘非常感动，她觉得方秋子是一个暖心的姐姐。

有一些奥运赛事车辆路过的时候，车里的运动员会跟收费员们招手，这让方秋子觉得很光荣。虽然他们一方是为国争光的运动员，一方只是北京高速公路的收费员，但同样都是为奥运会这一盛事做贡献，他们有着共同的目标。

8月8日，奥运会开幕式当天，方秋子是18点到24点的小夜班。方秋子记得非常清楚，那天晚上车特别少，大家不是在家里看电视，就是在现场观看开幕式。

方秋子其实也很期待与全国同胞一同观看奥运会开幕式，一同见证中国奥运梦的梦圆时刻。刚开始，方秋子是有一点儿遗憾的，奥运会可是牵动全国人民的体育比赛，自己却无法观看现场直播，总感觉与其他人少了些情感链接。但是后来方秋子想，即使是恰逢奥运会开幕式，岗上也需要有人值班，不是自己值班，也会是其他同事值班，总要有人做些牺牲。不管怎么说，自己也参与了奥运车辆的通行保障工作，作为一名交通人，她还是很荣幸的。

2008年北京奥运会的通行保障工作完成后，方秋子因为在其中表现优异，被授予"北京市奥运会、残奥会优秀志愿者"，这是方秋子获得的第一个北京市级的荣誉。

同年11月20日，方秋子光荣地成为一名预备党员。加入中国共产党是方秋子儿时就埋在心中的梦想。父亲是党的忠实拥护者，在父亲的教育下，姐妹俩从小就希望成为为人民服务的共产党党员。学生时期，方秋子从课本上了解了优秀党员的辉煌事迹；工作之后，她在日常生活中感受到平凡党员的不平凡事业。张秉贵的"一抓准"，时传祥的"宁愿一人脏，换来万家净"，还有交通行业楷模李素丽的无私奉献……这些党员的光辉形象，如同灯塔一般，为方秋子指引着前行的方向。她深知，成为党员不仅仅是一种荣誉，更是一种责任，一种为人民服务的使命。

等待的日子是漫长且煎熬的，但方秋子从未有过丝毫的动摇。她以更加饱满的热情投入工作，用实际行动践行着自己的誓言。终于，方秋子成了一名预备党员。

方秋子多年的梦想终于得以实现。这份荣耀，不仅仅是对她过去努力的肯定，更是对她未来无限可能的期许。她深知，作为一名预备党员，自己肩负的责任更加重大，但她坚信，只要心中有党，脚下就有力量，她定能在中国共产党的光辉照耀下，绽放出属于自己的光彩。

⊙ 2008年8月，方秋子担任"奥运服务大使"时留影

第四章　经历过风雨的中流砥柱

扫码解锁

◉群英颂歌 ◉微笑名片
◉交通强国 ◉奋斗底色

"秋子服务"的诞生

"秋子服务"是首发集团的第一个服务品牌，由方秋子牵头成立，旨在为司乘人员提供全方位、多元化、高效率的通行服务。这个品牌自成立以来，已经成为全国标杆，展现了方秋子及其团队在平凡岗位上的非凡贡献。

2010年，方秋子23岁，被评为"北京市劳动模范"。京沈分公司就以此为契机在机场南线岗山收费站出京06道设立了北京市高速行业的首个"劳模岗亭"。2012年5月28日，"秋子服务"品牌被正式命名并推广，2013年"秋子服务示范岗"也正式成立。

"秋子服务示范岗"成立以后，秋子团队的工作量大大增加，京沈分公司从各收费所选拔优秀骨干调入"秋子服务示范岗"工作。按照收费站的人员比例，年终考核至少排在前10%的收费员，才有资格去竞聘"秋子服务示范岗"。在竞聘的过程中，方秋子更是对团队成员优中选优。

"这些试卷都是高分试卷呀！"

"大家都是各自收费站的佼佼者，笔试可难不倒他们。"

选拔的第一关就是业务知识的笔试，来竞聘的都是各个收费站的佼佼者，该背诵的内容早已烂熟于心。方秋子对大家高分的笔试成绩非常满意，下一关就是面试了。

面试的难度更高，方秋子不仅要考查竞聘者的基础业务水平，还要考查他们的语言表达能力、处理突发状况的能力以及个人形象等。

"这位员工基本功非常扎实，可以考虑一下。"

"但是她面试时语言表达能力欠佳，我觉得不太适合我们团队。"

这些对话经常出现在秋子团队内部的讨论中。对方秋子来说，自己的团队需要的是全面的人才，而不仅仅是基本功扎实的员工。来面试的都是各个收费站的尖子员工，笔试都没问题，但是如果在语言表达方面或者形象等其他方面不太优秀，方秋子与团队成员会进行充分的讨论决定其去留。对于秋子团队的人员选拔，团队内部每个人的侧重点有所不同，难免产生分歧，但是大家共同的目标都是打造一个专业化的高速公路服务品牌。

随着其他收费站优秀员工的调入，方秋子的团队逐渐壮大。2014年，"秋子服务示范站"成立了，"秋子精英团队"也组建完成。团队共16人，除方秋子外的15个人垂直交叉在各个收费班组里，跟着班组倒班运转。他们除了做日常的收费工作，还负责协助班长和副班长做一些日常管理工作，比如班组里的维稳工作、员工业务的培训和一些心理疏导工作。除此之外，他们还负责"秋子服务"品牌宣传展示工作，比如媒体采访、座谈活动、跟同行业或跨行业人员交流等。

回首品牌建设的风雨历程，京沈分公司精心绘制着3个5年的发展蓝图。从劳模岗亭的成立到"秋子服务示范岗"的巍然屹

⊙ 2012年，方秋子（前排左五）参加推广"秋子服务"品牌启动仪式合影

立，再到"秋子服务示范站"的遍地开花，秋子团队完成了从幕后默默无闻到台前光鲜亮丽的华丽转身。每一次升级，都是他们汗水与智慧的见证；每一份荣耀，也都是对他们不懈追求的最佳诠释。

2020年，"秋子服务"品牌在第二届交通运输优秀文化品牌推选展示活动中被评为"企业类十佳文化品牌"，秋子志愿服务队荣获"首都最佳志愿服务组织"称号，这不仅是对他们过去成绩的肯定，更是对他们未来发展的无限期许。

"秋子服务"的成长

"秋子服务"品牌建立之后，方秋子和团队成员不断努力、精益求精，逐渐形成了"秋子服务"品牌影响力。

在最初进行品牌规划时，秋子团队完全是白手起家，团队每个人，包括方秋子对"秋子服务"品牌的规划都只有大概的想法，把这些想法细化，并且付诸行动，难度可不小。因为集团内部还没有人做过品牌规划，秋子团队可以借鉴的经验为零，也没有经费请专业公司帮忙，只能完全靠自己摸着石头过河，一点儿一点儿摸索，一点儿一点儿尝试。

万事开头难，秋子团队刚开始做"秋子服务"系列教材时，为了制作出可以真正帮助收费员，尤其是新手收费员的教材，团队成员们绞尽脑汁。方秋子意识到，只坐在办公室里是不会有成果的，于是，秋子团队以一线工作人员为对象，采取访谈和问卷调查的方法，了解他们在岗上遇到的问题。

"目前你在工作中遇到了哪些问题？"

"在我们的工作中，个人形象其实也很重要，但是刚工作的我不太会化适合工作场景的妆容。"

就这样，通过与一线人员面对面访谈和对工作场景细致观察，大家总结经验，与班长、收费员一起讨论，集思广益，共同商讨教材要怎么编写。秋子团队最后编制了《秋子快塑形象宝典》《秋子工作法》，其中《秋子快塑形象宝典》就是针对女员工进行妆容和穿搭方面的指导，教材中还细心地为不同身材的员工提出了个性化的建议。方秋子始终秉持着实事求是的理念，她说："因为太理论化的教材员工是不爱看的，所以需要结合现场的情况来具体问题具体分析。"

在制作品牌宣传片《于平凡 见非凡》时，秋子团队也是突破了以往宣传片的老旧模式，团队人员集思广益、不断成长。

在筹备宣传片的前期，秋子团队观看了大量不同单位的宣传片，发现大多数宣传片理论部分特别多，通常第一部分是党建总结，第二部分是介绍单位之类的。

方秋子敏锐地意识到"秋子服务"品牌宣传片的主要受众是车主们，他们不太喜欢千篇一律的宣传片。

在团队讨论过程中，方秋子凭借自己在宣讲团内宣讲的经验判断，宣传片的时间越长，人们越觉得枯燥，大概率不会看完宣传片。所以秋子团队决定制作一个5分钟左右的宣传片来体现品牌的理念。

"5分钟的片子，肯定就不能按部就班地说第一点、第二点了。我们就把在收费站遇到的真实故事进行改编。"方秋子说。

之前在收费站发生过一起特殊事件。一位司机行车至收费岗时，方秋子发现这位司机面色苍白，感觉他身体非常不舒服，就果断拨打120急救电话。司机被救护车拉走了，但是他年幼的女儿没有跟着救护车走。看着惊慌失措的小女孩泪流不止，方秋子连忙跑到小女孩的身边蹲下，把她拥入怀中。方秋子先联系上了小女孩的家人，在等家人接小女孩时，方秋子把小女孩带回了自己的宿舍，得知那天刚好是小女孩的生日，方秋子就让食堂的面点师傅给小女孩做了蛋糕，几名工作人员一起给小女孩过了生日。事后，小女孩还折了一百只千纸鹤送给方秋子，方秋子就把这些千纸鹤挂在了寝室的窗前。

这个故事简单质朴，却感人至深。

在宣传片的开头，出现了"本片根据真实故事改编"几个字。这个故事不是剧本，而是真实发生在收费员们的日常工作当中。"每个人都有自己的职业选择，或轰轰烈烈，或平平凡凡。""一次选择，一生担当。"这些话语讲出了收费员们的心声。

收费员们都是平凡的工作者，但是他们真心付出，为人民服务，使这份工作不再平凡。2020年，品牌宣传片《于平凡 见非凡》参加了全国微视频大赛，并荣获优秀奖。

"秋子服务"的每一次成长，都凝聚着方秋子与团队成员的智慧与汗水。他们不仅创立了"秋子服务示范岗"与"秋子服务示范站"，更精心编写了系列教材，以知识的力量传承品牌精神，发挥"传帮带"的积极作用。这一路的探索与奋进，见证了"秋子服务"品牌从萌芽到绽放的历程，也预示着它将在未来继续守正创新、勇攀高峰。

在这些年不断探索和实践的过程中，方秋子也积累了宝贵的经验和技巧。她深知知识共享的重要性，因此总是乐于将这些经验与同事们分享。

通过这种方式，同事们团结协作、互帮互助，不仅能够共同进步，还能够相互启发，提升全体的工作效率和质量。比如秋子团队共同开发了一套独特的"情景记忆法"。这一记忆法的核心就是利用人们熟悉的特定场景记忆来辅助记忆和理解新内容。

他们的灵感来源于收费员日常的工作。"师傅，你往前直走，第二个路口左转，一直走，在红绿灯路口右转……"在为司机提供导航服务时，团队成员发现仅告诉司机左转或右转是不够准确的，这样的指令很容易让人混淆，司机常常记不清楚，尤其在复杂的路口或者相似的环境中。团队成员又尝试在纸上画线路图，但是这样不仅费时费力，还耽误司机的时间。

为了解决这个问题，秋子团队开始尝试将路线指示与沿途的标志性建筑相结合的方式，用具体的情景来加深司机的印象，指明方向。例如，收费员不再简单地告诉车主"在下一个路口右转"，而是说"在路过加油站后右转"或者"在商场前左转"。这样的指示加入了环境中的标志性建筑，更加具体，也更容易被记住。

⊙ 方秋子培训团队成员练习点钞技能

团队成员积极地在实践中测试这种方法的效果，并且不断地进行优化。成员们精心挑选出一些极具辨识度地标，然后将这些地标的图片收录到他们自己制作的学习手册中。这样，团队的工作手册就不仅仅是一本普通的指导书，而变成了一个充满实用信息的工具，能够帮助收费员们在每天的工作中快速准确地为司机提供服务。

通过这种创新的记忆法，收费员们不仅提高了工作效率，也增强了团队的凝聚力。

不忘本职工作

"秋子服务"品牌影响力逐渐增大，方秋子知道，自己不仅要做好"秋子服务"品牌的带头人，更要谨记自己的本职工作——一名高速公路收费员。

之前，方秋子利用休息时间走遍了机场南线周边的每一条路，绘制了机场附近的"小交通图"。每到假日，她总是带头设立"秋子服务台"，为司乘人员提供指路、饮水、航班查询等延伸服务。她将周围道路、收费政策以及业务细节熟记于心，并将其总结起来，逐步汇编成教材，与同事共享。这些工作她都亲力亲为。

通过融合一线员工多年来总结的服务技巧和实操经验，首发集团京沈分公司编制了"秋子服务"标准化教材，为员工提供品牌文化、业务技能、服务礼仪、特情处置等培训课程，将无形的服务通过有形的标准进行规范。方秋子也多次参与集团的员工培训活动，帮助大家共同进步。

2012年国庆节期间，一辆出租车坏在收费站区域，车上有一位外国友人要赶飞机。

方秋子注意到了出故障的出租车，在了解情况后，及时联系拖车把故障车拖走了。外国友人当时特别着急，他不熟悉中文，也不知道怎么去机场，而飞机即将起飞，恐怕要耽误他的行程。

方秋子赶紧安抚外国友人，用简单的英语和手势耐心地和他沟通。外国友人提供了他的航班号，经过查询，得知他应在T2航站楼候机，他走错了，而且因为天气原因飞机延误了。

方秋子心想：如果外国友人得知航班延误，自己又走错了路一定心急如焚。于是，她便赶紧帮忙联系了T2航站楼附近的酒店，又叫来一辆出租车送他去酒店。外国友人逐渐冷静下来。

方秋子周到的服务感动了这位外国友人，后来他委托在中国的朋友给方秋子送来了锦旗，称赞她为"中国国门的引路员"。

值得一提的是，这幅锦旗不是方秋子收到的唯一一面来自外国友人的锦旗。

2014年7月9日，一名外国友人驾车行驶至方秋子的收费岗。在开车窗交费的过程中，这位外国友人的钱包不慎掉落。外国友人没有察觉，径直驶离了站区。方秋子发现了遗落的钱包，钱包里有该外国友人的护照、信用卡和现金。她想这位外国友人发现钱包遗失一定非常着急，于是立刻将情况上报给监控室，随后所里通过护照信息联系到大使馆，辗转找到了该外国友人，并将遗失物品完璧归赵。7月14日，这位外国友人来到机场南线收费站驻地，将写有"情系车户解燃眉之急　优质服务架友谊之桥"的锦旗送给了方秋子，赞扬方秋子拾金不昧的崇高品质，并对首都高速公路的服务给予了高度评价。

⊙ 2014年7月14日，外国友人为方秋子（左）送上锦旗

第五章　行业领路人

扫码解锁

◉群英颂歌◉微笑名片
◉交通强国◉奋斗底色

北京劳模

2014年，方秋子被评为"国企楷模·北京榜样"。

北京市的"2014年北京榜样"大型主题活动，作为全市培育和践行社会主义核心价值观的重要载体与窗口，传达了"用爱岗敬业诠释忠诚，以诚信友善温暖社会，用自强创新眺望世界，以朴实平淡创造未来"的信念。

当时的选举程序公开透明，群众可以通过报纸、网络、热线电话等多种渠道，评选出自己心目中的北京榜样。

得知自己被评为"国企楷模·北京榜样"时，方秋子十分开心。她知道这是人民群众对她工作的肯定。

"国企楷模·北京榜样"颁奖晚会非常隆重，为获奖人颁奖的都是其所属行业的领导。这是主办方的特别安排，即按照每个获奖人的特点找颁奖人。

方秋子看到向自己走来的颁奖人后非常惊喜——居然是自己在工作中认识的一位司机！

当时，主办方让方秋子提供一位熟识的司机的联系方式。经过那位司机的同意，方秋子把他的电话号码给了主办方。方秋子以为主办方是要对司机做个采访，为颁奖晚会的主持人访谈环节搜集资料，后来也没有过问。司机想给她一个惊喜，特意没有告诉她自己会出席颁奖晚会。

于是，就出现了这一让方秋子又惊又喜的场面。看着颁奖嘉宾向自己走来，方秋子眼中闪闪发光，非常激动。背景音乐在四周响起，灯光照耀着他们。

方秋子问颁奖嘉宾："您怎么来了？"

司机笑着回答秋子："来给你颁奖呀，我请假了。"

方秋子十分感动，她知道大部分司机都是干一天活儿挣一天的工资，这位司机特意请假过来为她颁奖，足以说明对她工作的认可。

司机显然也是第一次在这么隆重的晚会上给人颁奖，方秋子能感觉出来他有点儿紧张。他把奖章挂在了方秋子脖子上，又把手里的捧花递给了她，小声说："秋子，祝贺你！我为你高兴！"

方秋子看着司机，表达了感谢。她打心底里觉得没有什么荣誉比这些司机的认可更重要。对她来说，手里的捧花不仅象征着这些年取得的成就，象征着这么多年的刻苦训练，更象征着在收费员岗位上的日日夜夜。

方秋子永远也不会忘记刚刚入职、天天哭鼻子的自己。没想到当初那个天天哭鼻子的丫头，也能站在这么大的舞台上接受表彰。

2015年，方秋子被评为"全国劳动模范"。那一年，方秋子才28岁。

方秋子明白这项荣誉是对自己过往工作的肯定，更是一份责任，是对自己未来工作的鞭策。既然自己获得了这项荣誉，就应该传播积极向上的精神，发挥自己的作用。

2015年9月，在交通运输部打造交通服务品牌、首发集团推出"适需服务 畅行高速"大品牌的背景下，京沈分公司为拓展"秋子服务"品牌覆盖面，满足司机日益多元化的通行服务需求，在

"秋子服务示范站"——机场南线收费所建立了"方秋子创新工作室"。

这间约130平方米的工作室，在京沈分公司的高度重视和持续投入下，配备了LED交互大屏、磁悬浮展示柜等先进设备，是集培训指导、工作研讨、业务创新、文化交流、成果展示等功能于一体的多功能工作室。方秋子创新工作室的成立不仅是"秋子服务"品牌在物理空间上的扩容，更是"秋子服务"品牌精神的深化与升华，为品牌建设奠定了坚实的基础。

岁月流转，春华秋实。方秋子创新工作室搭建起了由劳模领军、职工参与的工作平台，方秋子携手首发工匠于楠、张迎楠等人，组建了一支梦之队——"秋子精英团队"，他们以智慧和勇气探索未知，以热情和执着攻克难关。岗亭遮雨棚的温情守护、后置天线补刷的精细入微、ETC装置的便捷升级……一项项创新成果的落实犹如璀璨星光，照亮了司机前行的道路，也温暖了司机的心房。

秋子团队的每一次创新都来自为人民服务的初心。

在日常工作中，方秋子发现"车主ETC无法使用"的状况经常发生，可能是因为卡透支了，可能是ETC插反了，也可能是与前车距离太近导致ETC没刷上。不管什么原因导致的ETC无法使用，都需要人工去处理，这非常耽误车主的时间。

现在和以前不同了，以前是一个收费员负责一条车道，ETC推广之后是一个收费员负责三条ETC车道，而人工车道还是一个收费员负责一条车道。所以经常出现这种情况：收费员正在第一条车道处理问题，第三条车道的警报响了。这时候收费员就要横穿第二条车道去第三条车道处理问题。横穿车道是非常危险的，刷ETC通过收费站时车辆是不停的，车速也比较快。车多的时候，收费员只能在车道旁等，收费员过不去，另一头司机也只能等待。

考虑到现实情况，方秋子决定做一个后置天线补刷装置。原理是如果司机第一次没刷上ETC并导致警报响了，后置天线补刷装置会自动再给八次补刷机会。八次补刷机会肯定可以刷上ETC，车道就会自动抬杠，就不需要收费员过去了。

在开发过程中，方秋子与团队成员反复试验，确保ETC在不同情况下都能顺利刷上，并且实时咨询专业技术人员，以弥补自身在技术领域的不足。在试验时，团队成员用自己的车来模拟各种特殊情况，反复试验。拍摄人员则需要一边用嘴咬着摄像机进行拍摄，一边试验，动作难度很大。

在大家的不懈努力下，秋子团队终于创新成功，为群众解决问题的同时，也提高了收费员的工作效率。

集车道语音提示、无线报警功能于一体的全自动ETC后置天线补刷装置的研发是工作室对通行安全与效率不懈追求的证明。该设备大幅提升了"1+N"ETC值守效率及安全性，对处理ETC"交易失败"这一高发特情具有良好的处理效果，将ETC车道的通过率提升至前所未有的高度，为"1+N"值守模式增添了坚固的防线，让每一次交易都更加顺畅、更加安全。

令人瞩目的是，这支团队在历史性的时刻，如在建党百年的辉煌庆典、北京冬奥会的冰雪盛宴中，以卓越的服务保障能力，诠释了"政治素质好、业务能力强、服务水平高"的深刻内涵，为首都交通服务的高质量发展贡献了力量。他们不仅是交通事业的守护者，更是城市"四个中心"功能建设中不可或缺的推动者，用实际行动诠释了"四个服务"的深刻意义。

2020年，"秋子服务"品牌在第二届交通运输优秀文化品牌推选展示活动中被评为"企业类十佳文化品牌",这是对方秋子及团队成员不懈努力和创新精神的最高赞誉。2021年1月,北京市团委公布了北京市青年创新工作站认定站点名单,"方秋子创新工作室"赫然在列。

为加强工作室日常管理,京沈分公司以严谨细致的态度,制定了完善的内部管理机制,构建了由分公司工会组织领导、机场南线收费所负责日常管理的严密体系,辅以详尽的管理规定和工作机制,确保"月月有培训、月月有提升"的良性循环。资料管理的缜密、台账留痕的清晰,共同铸就了工作室规范高效的运行体系,为"秋子服务"品牌的未来发展注入了源源不断的动力与活力。

在团队建设方面,"秋子精英团队"现有成员16人,含高级技师1人、技师9人,分为品牌宣传组、人才培养组和业务提升组。

品牌宣传组作为团队的门面担当,迎接了北京市交通委、辽宁交投集团等宾客的到访。人才培养组作为分公司的"内训师",精准把握运营保障的脉搏,每月进行一次业务服务培训。3年内,千余人次的轮训记录,是"秋子服务"理念生根发芽、茁壮成长的见证。业务提升组以接诉即办的敏锐、文明服务的热情和品牌转型的远见,为分公司改革发展开辟新路径。面对重点、难点问题,他们勇于探索,不断拓展"秋子服务"的边界,从传统的窗口服务,勇猛地迈向网络空间的广阔天地。

在资金使用方面,由分公司工会、党群工作部负责对工作室年度资金使用进行整体规划和日常管理。年均10余万元的资金投入,不仅用于工作室的建设改造,更用于品牌交流活动的精心筹备、文创产品的开发。秋子团队建设的每一步都彰显了方秋子对"秋子品牌"未来发展的敏锐洞察与坚定承诺。

⊙ 上图　2015年，方秋子参加2015年北京市庆祝"五一"国际劳动节暨
　　表彰劳动模范和先进工作者大会时留影
⊙ 下图　2016年，方秋子（左）在服务台指导工作

服务转型

时代的车轮滚滚向前，科技发展迅速，人民的生活日新月异。2019年年底，全国高速公路省界收费站撤站，ETC逐渐普及，高速公路收费方式发生了颠覆性的变化，"秋子服务"的运作与服务方式也发生了改变。

在距离首都国际机场T3航站楼大约1公里的地方，会看到一个收费站上挂着醒目的两个大字"北京"。这里就是岗山收费站。它代表着北京的形象。乘机出京，这是最后一站；乘机抵京，这是第一站。

科技的发展使岗山收费站的收费员从现场的面对面服务转型成了后台的智能科技服务。方秋子带领自己的团队也尝试了一些线上融媒体的服务。

首发集团的热线电话是96011，秋子团队建立了一个96011"秋子服务"的远端坐席，地址就在机场南线的监控大厅。

"您好，您遇到什么问题了？"远端坐席的接线员24小时为群众解答问题。他们所解决的问题大部分是路况和ETC问题，偶尔也能接到车主的投诉电话。

虽然服务工作从面对面改为了线上，但是秋子团队的服务质量并没有丝毫下降。在收费岗收费时，大家面对面，收费员们脸上挂着"秋子服务"八颗牙的标准微笑。96011"秋子服务"远端坐席的工作人员接线时也都是面带微笑的。即使车主看不见他们，但仍可以从他们的声音中感受到他们的微笑服务。"秋子服务"致力于用微笑传递热情。

秋子团队还对ETC进行了人性化的改进。方秋子带头组建"秋子攻坚小组"，集合业务骨干力量对运营工作进行攻坚，实现ETC客货分流模式。秋子团队从司机角度出发，换位思考，将ETC专用车道电子门架信息由原来的"ETC专用车道"更改为"ETC客车专用"，使货车误入ETC专用车道的情况降低约50%，优化了收费站区的通行环境，设置了后置天线补刷装置。这些改进大大提高了货车过道效率。

随着信息技术的发展，2019年年底，省界收费站全面取消；2020年年初，全国高速公路收费联网，ETC逐渐得到全面普及。根据2022年京沈分公司的统计结果，使用ETC的车辆占比已达70%，其中移动支付占20%，现金支付大概只有10%。

面对技术的进步，面对收费站运作方式的革新，每一名收费员或多或少都有过焦虑。方秋子说："这些年，每一名收费员都面临转型，有过焦虑，有过紧张，但是必须面对。"

是的，时代的车轮不会因为个人的困扰而停下，生活在时代中的我们必须正面迎接挑战、守正创新。只有创新，才能带来希望，才会有未来。

如今，收费运营正由人员密集型向技术应用型过渡，"秋子服务"也从传统现场收费的服务模式，逐渐向网络服务模式拓展。秋子团队的服务正从三尺岗亭走向万里公路、网络空间。

秋子团队通过固定电话、电子邮件、公众平台、手机短信、社交软件等渠道，24小时向客户提供北京市全路网信息，解决客户困难，接诉即办。秋子团队积极梳理典型案例，以例促学、以例共思。同时，他们围绕客户需求，不断完善分公司接诉即办处理流程，提高接诉即办处置效率及客户满意度。

"现在是高科技时代了，如果收费员还满足于'您好''再见'，埋头研究点钱、找零，就太落后了。"面对技术给高速收费员带来的改变，方秋子如是说。

方秋子还建立了"秋子服务"公众号。在公众号中，不仅有《拓展培训提升团队意识 增强协作奠定工作基础》之类传达"秋子服务"工作理念的推文，还有《高速上的暖心援助》之类分享工作人员与司机之间暖心互动的推文。

为了跟上时代潮流，方秋子团队制作了一系列小短片，例如"秋子带您走高速""视视就知道"等，通过短视频向通行者讲解高速公路服务信息以及政策变化，为司机答疑解惑。

"大家好，我是首发集团'秋子服务'品牌带头人方秋子。"整洁的服装，昂扬的精神，脸上挂着标准的秋子式八颗牙笑容，方秋子在短视频中，向观众讲解机场周边验票通行的过程，沉浸式带观众"走"高速。

视频的设计理念来源于收费员和司机在过高速时常遇到的问题。在收费的过程中，有时会出现前一个收费站代收下一段高速路费用的情况，如果这样，司机就需要在下一个路段口把发票给收费员验票。然而环机场周边有几条路段，司机不知道在哪里验票，或者不知道出示发票，出现重复缴费的问题。

以此为启发，秋子团队以沉浸式的方式带观众"走"高速。方秋子坐在副驾驶把环机场周边可以验票的几条高速公路全走了一遍，把在哪里领卡、哪里缴费、哪里验票演示得十分清楚。如果司机走错道了，不知道怎么掉头，高速公路的电子指示牌也会及时更换，告知广大群众。

⊙ 方秋子（左）在指导业务

"我们的服务不管是在现场，还是在后台，服务标准都是不变的。"方秋子说。运营短视频账号、"秋子服务"公众号都是近年来的新尝试。通过短视频，"秋子服务"的体验官们带着大家一起"走"高速。

虽然车载导航和手机导航早就普及了，但是秋子团队考虑到路上复杂的实际情况，本着以人为本的原则，不断完善"秋子服务"的细节，方便群众出行。

科技助力交通事业

"十四五"时期，高速公路行业加速向"科技高速""智慧高速""绿色高速"转型，收费运营模式发生重大变化。在这一浪潮中，京沈分公司以"方秋子创新工作室"的建设为重点，携手各职能部门，共同编织了一张群众性创新实践的宏伟织锦，不断拓展思维边界，深耕业务水平，致力于实现服务质量飞跃式提升。

工作室未雨绸缪，精心布局，通过制订项目研究计划提前对项目进行规划，为每一个科技赋能的构想精准导航，确保项目稳健前行。其间，一系列创新举措解决了诸多问题。

首先是关于出租车安装ETC的问题。之前，出租车因为发票问题是不安装ETC的。有的乘客乘坐出租车需要发票，但是使用ETC刷过路费在现场没有办法生成发票，只能找后台开电子发票。

方秋子发现了这些出租车无法使用ETC的问题，就跑到首都机场的出租车接客处，找出租车司机进行问卷调查。

"师傅，您看看，这是一份关于出租车安装ETC的调查问卷，您方便帮忙填一份吗？"方秋子在首都机场等客的出租车旁，了解师傅们的真实需求，出租车司机也给出了真实的反馈。

根据调查结果显示，大多数出租车司机还是非常愿意安装ETC的。既然看到了他们的需求，秋子团队就需要去解决发票问题。解决这个问题可没有那么简单，打印发票不是随随便便安个打印机就行的，而是要符合法律法规的，需要方秋子与公司沟通这个想法，公司再与集团沟通，最后由集团出面与有关部门进行协商。

经过漫长的过程和多方面的协调，秋子团队终于解决了发票打印问题。现在出租车都可以安装ETC并即时打印发票了，出租车司机和乘客都感觉方便多了。

秋子团队通过细致入微的调查问卷与剖析车型流量数据，携手速通公司打造了专为出租车量身定制的ETC设备，这不仅为首批2000辆出租车提供了科技助力，还极大地提升了乘客的愉悦度，让乘车更加顺畅无忧。

除了关心司机的切身问题，方秋子对自己团队的员工也是关怀备至。

岗山收费站之前的雨棚是异形遮雨棚，两边宽、中间窄，出太阳时不遮阳、下雨时不遮雨。下雨时，有的司机不想淋雨，就只把车窗开一个小口，把卡递出去。在这种情况下，收费员不得不探出大半个身子到岗亭外，有时收费员就要在大半个身子全湿的情况下工作6个小时，不仅难受，而且很容易生病。

"安装遮雨棚时还要考虑大车过道的情况，不然遮雨棚太低，大客车、大货车过不去。"方秋子在阐述自动遮雨棚的设计理念时说。秋子团队计划安一个电动的遮雨棚，下雨天就把它打开，万一有大车过道，就把遮雨棚收起来。说干就干，团队请了专业的安装人员来现场测量安装。

秋子团队不断精益求精，除了以上两个创新项目，还有更多的研发与升级。

针对ETC充值问题，秋子团队设计了"ETC移动充值器"。这是秋子团队解决司机ETC余额焦虑的智慧结晶。针对司机ETC余额不足的情况，司机可以通过"ETC移动充值器"与手机连接进行自助充值缴费，避免了"邻道缴费"的烦琐流程和安全隐患，进一步提高了ETC特情的处置效率，得到了广大司机的一致好评。

此外，红外声光报警系统与隧道广播及自助救援系统的出现与应用，更是工作室对高速公路安全防护网的一次全面升级。前者以"声光电"的交响，为违规入侵者画下红线；后者则以广播的温情与自助的便捷，为隧道内的紧急情况编织了一张生命的保护网，让安全与安抚同在，让安心与通畅并行。

脚步不停，进步不断。

当前，"方秋子创新工作室"正深耕新的科研沃土，展开双翼，引领科技创新的潮流。他们设计了一款智慧收费岗亭键盘垫，上面以绚丽色彩精心绘制了收费流程图谱与业务知识精髓，宛如一个微型指南，便于收费员随时查看。它可以有效减少因收费员对个别冷门业务生疏而引发的投诉事件，让每一次服务都精准高效、温暖人心。

工作室创新的又一举措在于对车道发票打印机的智能化改造。这一创举将传统烦琐的手写车号与日期，转换为车牌自动识别与即时打印。这不仅极大地缩短了发卡流程，更有效缓解了高峰时段站区拥堵的情况，让车辆顺畅通行，展现了交通事业智能化转型的卓越成效。

在人才队伍的培育方面，"方秋子创新工作室"同样不遗余力。方秋子以身作则，每月参加团队例会，以深刻的洞察力与时代担当，为团队成员点亮前行的灯塔。同时，工作室成立了讲师团队，从政策理论到形势任务，从文明服务礼仪到复杂特情处置，每一次培训都经过精心设置，旨在塑造一支业务精通、服务卓越的复合型人才队伍。在这里，每一位成员都被激发出无限潜能，成了业务技能的"全能选手"，真正建立起了"一个方秋子，个个都是方秋子"的创新团队。

同时，名师带徒的传统在这里生根发芽、开花结果。3年时光，方秋子与8位青年结为师徒，师徒间教学相长。他们以一对一的精心指导，传承着业务的精髓与服务的真谛，更以"秋子精英团队"为平台，辐射全体班组成员，形成了一股学习与创新风潮。2021年，张迎楠凭借卓越表现摘得第三届"首发工匠"桂冠。次年，她更进一步，荣获"首都劳动奖章"，这不仅是对她个人努力的肯定，更是对"方秋子创新工作室"人才培养模式的肯定。

没有人能随随便便成功，方秋子以及她的团队所获得的荣誉都是靠着自己的努力一步步取得的。

2017年，方秋子作为基层党员代表参加了党的十九大会议。自那以后，方秋子始终将传播党的十九大精神视为己任。作为北京市国企宣讲团成员，她赴多家企业，宣讲党的十九大精神30余场次，受众人群超过7000人。

2020年，党的十九届五中全会胜利召开后，方秋子再次积极投身宣讲工作，结合高速公路服务行业的背景，生动阐述和解读党的十九届五中全会精神，号召广大党员群众积极投身全面建设社会主义现代化国家新征程。

2021年，方秋子作为党的十九大代表中的基层同志列席党的十九届六中全会。会后，她继续坚持宣讲党的十九届六中全会精神。在党史学习宣传教育中，方秋子精研必修教材、参与"党史最强音·声入人心"等活动，进行党史故事宣讲，传承红色精神，激励大家拼搏奋进。

在方秋子眼中，自己当选党的十九大代表表明了党对于交通工作的重视。现在除日常工作外，方秋子还要负责传达党的精神。她经常参加交通系统、国资委、团市委以及妇联系统的宣讲团活动，作为宣讲员去分享自己的事迹，传递来自基层的声音。方秋子在采访中说："作为党员代表，我要担负起桥梁和纽带作用，带动更多人，引导身边的同事们克服困难，完成好高速公路服务保障工作。"

⊙ 2017年，方秋子在北京人民大会堂参加中国共产党第十九次全国代表大会时留影

第六章　砥砺前行

扫码解锁

◉群英颂歌◉微笑名片
◉交通强国◉奋斗底色

宣讲员的蜕变

方秋子是个乐天派，平时在生活中大大咧咧的，但一站在台上就会紧张。方秋子记得很清楚，当初自己获得"微笑之星"荣誉后，公司让她在内部做个汇报，分享自己的经验。她精心准备了稿子，但是一站上讲台，看到台下一双双注视的眼睛时，紧张的情绪立刻笼罩了她。那次她几乎全程都在低头念稿子，因为太紧张了，她觉得眼前的字都是重影的，声音也在颤抖。

后来她发言的机会多了，上台演讲的经验也就慢慢多了。方秋子参加了多个宣讲团，练得多自然就不会很紧张了。

2018年，方秋子因为有宣讲经验，顺利通过面试后入选了北京团市委青年榜样宣讲团。清明节过后，宣讲团成员被送到酒店封闭写宣讲稿，为北京青年五四奖章颁奖晚会做准备。

方秋子被安排在第一个宣讲，所以宣讲团对她的稿子格外严格。"我那篇稿子真的是一个字一个字抠出来的。"眼看大家都非常顺利地在前三天定了稿，团市委聘请专业的老师进行辅导，方秋子还是改了一稿又一稿，她心里不免感到慌张。当其他人定稿后开始背稿并顺利推进工作的时候，方秋子还在反复改稿。

方秋子越想越心急，甚至责怪自己怎么连稿子都写不好，她十分挫败。方秋子的稿子终于在第七天定稿了，但是第九天晚上宣讲团的领导就要过来试听大家宣讲。

方秋子背不下来稿子就着急，一着急就更背不下来，这是一个恶性循环。果然，在领导面前试讲时，方秋子磕磕绊绊，对稿子很不熟悉。领导对方秋子的表现很不满意。

方秋子挫败极了，也很惭愧。这么重要的活动，由于自己个人原因没有完成任务，方秋子觉得辜负了领导的重视和信任。

就在方秋子沮丧时，一位宣讲员过来对她说："这不是你。"这句话触动了方秋子的心弦，让她回想起初入职场时那个天天哭泣的自己。"对呀！这不是我！"方秋子意识到自己不该这样被打倒，决定全力以赴。当初那个不服输、要强的女孩没有变！

"我就不信自己背不下来！"带着这份决心，方秋子开始了全力的准备。无论是每天上下班路上、做饭、洗澡的碎片时间里，还是在办公室或会议室里，她抓住一切机会背诵稿子。

刚开始的出师不利，让方秋子没有了自信，越到后面，她感到压力越大，背诵变得更加困难。每次晚会彩排，方秋子都战战兢兢，没有一次能完整背下来，最后领导看着都叹气了。

方秋子觉得这样下去不是办法，她通过把自己的语速提升到2倍速来训练自己。

终于到了颁奖晚会那天。方秋子站在舞台的中央，万众瞩目，开始了她的宣讲。这几天的苦练是有回报的，方秋子虽然在舞台上连小腿都在颤抖，但是没有结巴，顺顺利利地完成了宣讲。

那次宣讲是一次历练，从那以后，方秋子宣讲时不仅不紧张了，还非常喜欢和观众互动，尤其是喜欢与台下的人进行眼神交流，人越多，她的宣讲状态越好。

在后来的日子里，方秋子频繁地被邀请到各个学校做宣讲。孩子们大都是第一次见到如此多的奖章，他们对方秋子获得的奖章表现出了极大的兴趣，眼神中充满了好奇和敬仰。有些孩子会羞涩地问方秋子："阿姨，我能摸摸您的奖章吗？"方秋子当然乐意让他们触摸这些荣誉奖章，她还会对孩子们讲述这些奖章背后的故事。

有一次，在宣讲的过程中，方秋子注意到有一个小孩儿一直安静地坐在后排，没有说话。直到宣讲结束，他才走到方秋子面前，用稚嫩的声音说："阿姨，我会更加努力地学习，等我长大了，我也要成为劳模。等我成为劳模，我就去机场找您。"听了他的话，方秋子非常欣慰和感动。

方秋子笑着对他说："那就这么说定了，我们来拉钩吧。"他毫不犹豫地伸出小手指，和方秋子拉了钩。这是大劳模与小"劳模"之间的约定，是一个充满期待和希望的约定。

这也是方秋子参加宣讲团，发扬劳模精神的动力。对方秋子来说，每次去宣讲，既是传递正能量的过程，也是自己汲取正能量的机会。现在网络十分发达，孩子们习惯观看短视频，其中的内容会对孩子们的三观等方面产生影响，这个时候孩子们很需要有一个榜样作为自己努力的方向。

方秋子的工作其实很普通，不像医生一样救死扶伤，不像警察一样维护社会安定，也不像消防员一样抢险救灾。其实大多数的职业不是轰轰烈烈的，但是每一份职业都值得被尊重。三百六十行，行行出状元。大多数人的工作是一成不变的，但在平凡的岗位上也可以做出成就。

方秋子对孩子们说："就算评不上劳模，也要在每一个平凡的岗位上踏踏实实地干，像我就是一个普通的高速公路收费员。不能因为没有这些荣誉就不去努力，而是要在平凡的岗位上做出不平凡的事业。"

但行好事，莫问前程。去做你认为正确的事，不必过分在意回报。宣讲的话语是有力量的，方秋子的事迹在孩子们的心里埋下了

⊙ 大劳模与小"劳模"约定时留影

⊙ 方秋子给学生们讲述奖章背后的故事

一颗种子。方秋子也为孩子们质朴的梦想感到高兴。其实每一份工作都很了不起，有的工作可能很平凡，但是我们只要用心去做，就可以于平凡中见不平凡。人人都有机会成为劳模。

为人民服务

2021年7月1日，方秋子以"两优一先"的身份受邀参加了庆祝中国共产党成立100周年大会，现场聆听了习近平总书记的重要讲话。方秋子深深地感受到了党要带领我们国家实现站起来、富起来、强起来的艰辛与不易。

庆祝大会当天，方秋子坐在天安门西观礼台观礼。现在回想起那天的情景，方秋子依然热血沸腾。在整个过程中，方秋子多次热泪盈眶、情难自抑，我们的国家真的强大了。100年来，中华民族经历了很多磨难，但从来没有被压垮过，而是越挫越勇，不断在磨难中成长、从磨难中奋起。

"天行健，君子以自强不息。"历史充分证明，中国共产党带领我们走上了正确的道路，不屈不挠、永不言败的精神品质已经深深镌刻在每一个中国人的骨髓里。从贫困穷苦到现在衣食无忧，都得益于中国共产党的正确领导，方秋子为我们的党感到自豪！

在大会现场，方秋子两度泪目。她第一次流泪是被孩子们感动的，当少先队员和共青团员代表集体致献词，向党致以青春的礼赞时，他们声情并茂、铿锵有力的话语直抵人心、感人至深。从他们朝气蓬勃的脸庞上、清晰洪亮的声音中，方秋子能感受到他们对党的无限敬仰、对祖国的无限热爱、对未来生活的美好憧憬。他们是祖国的未来。作为一名共产党员，方秋子感到自己身上有使命、有责任，自己必须以奋发有为的姿态和顽强拼搏的精神去不懈奋斗，这样才能对得起他们的信任，才能不辜负他们的希望。

她第二次流泪是被习近平总书记在大会上说的话感动的："中国人民也绝不允许任何外来势力欺负、压迫、奴役我们，谁妄想这样干，必将在14亿多中国人民用血肉筑成的钢铁长城面前碰得头破血流！"当时现场自发起立鼓掌、呼声震天，这是每一名中国人坚决抵抗外来侵略的民族血性与坚定爱国的热忱表现。

在逆境中奋发图强、在顺境中居安思危、在挫折中奋而崛起、在危机中寻求生机，是中华民族历经坎坷而生生不息的重要原因，是我们党历经百年沧桑依然风华正茂的重要原因。强国有我，不负韶华，在中国共产党的领导下，全国人民必将团结一心，克服一切风险挑战，实现中华民族伟大复兴，以更加昂扬的姿态屹立于世界民族之林！

作为交通行业的一名基层共产党员，方秋子在我党百年华诞之际被授予"全国优秀共产党员"称号，这对她来说不仅是一份荣誉，也是对她这些年来工作的肯定，更是激励她今后更进一步坚守初心、践行使命的动力。

方秋子下定决心要继续锤炼过硬的政治素养，树立坚定的理想信念。习近平总书记在"七一勋章"颁授仪式上说过："坚定信念，就是坚持不忘初心、不移其志，以坚忍执着的理想信念，以对党和人民的赤胆忠心，把对党和人民的忠诚和热爱牢记在心目中、落实在行动上，为党和人民事业奉献自己的一切乃至宝贵生命，为党的理想信念顽强奋斗、不懈奋斗。"

方秋子始终牢记习近平总书记的嘱托，学习党史中英雄先烈践行初心使命、坚定理想信念的光荣事迹，不断锤炼自身的政治素养，努力以更高的政治站位把习近平总书记的重要讲话精神领会到位、落实到位，充分发挥好模范带头作用。

另外，方秋子不断强化宗旨意识，努力服务人民群众的实际需求。习近平总书记强调："江山就是人民、人民就是江山，打江山、守江山，守的是人民的心。"中国共产党自成立以来，就把全心全意为人民服务作为根本宗旨。作为一名共产党员，方秋子始终把为人民服务作为自己的价值追求，20年来她始终坚守在工作一线，因为她觉得这样服务人民更直接，可以拉近人与人的距离，感受到心与心的温暖。俗话说"爱人者，人恒爱之；敬人者，人恒敬之。"方秋子珍惜与司机的情谊，这让方秋子体悟到了什么是幸福，所以她会坚守初心、坚守岗位，在服务人民的过程中去实现自己的人生价值。

冬奥会火炬手

2022年2月4日下午，方秋子作为北京2022年冬奥会火炬手，在通州大运河森林公园顺利完成了奥运火炬传递任务。这次火炬传递工作的顺利完成，实现了方秋子长久以来的一个梦想。

2021年11月11日下午，方秋子收到了冬奥会火炬手的入选通知。当时她正准备前往人民大会堂参加党的十九届六中全会闭幕式，在大巴车上接到电话，得知自己成为北京冬奥会火炬手，方秋子的心情无比激动和喜悦，因为这不仅是她个人梦想的实现，也是对首都交通从业者的一种鼓励和肯定。她明白，自己将传递的不仅仅是火炬，更是一种精神，是每位交通从业者坚守本职、初心的传承。

为了这次圆梦之旅，方秋子积极利用一切机会精心准备。她密切关注北京2022年冬奥会的相关报道，认真学习冬奥会赛事知识，体会奥林匹克精神。同时，她多次观看往届奥运会火炬传递的视频，感受传递现场的激情氛围，并坚定决心："在如此神圣的时刻，我一定要出色地完成任务。"方秋子的努力得到了家人的全力支持。得知她成为火炬手后，儿子总是关注奥运信息，为她加油打气；丈夫则送她一对哑铃，鼓励她增强臂力，同时为她制订了详细的运动计划，监督她跑步训练，以增强体能，确保她能够圆满完成传递奥运圣火这一光荣而艰巨的任务。

2022年2月4日，方秋子与其余125名火炬手齐聚在象征"古今通衢"的大运河森林公园，一同启动火炬传递。在现场工作人员的引导下，火炬手们依次前往各自的点位等待传递火炬。组委会的现场组织工作十分细致，为每名火炬手都配备了专门的点位员和护卫队员进行陪同，点位员负责引导火炬手行进，护卫队员负责点燃、熄灭火炬。此外，组委会还准备了备用火炬和火种灯，以防遇到特殊情况时能够及时重新引出火种点燃火炬。

大运河森林公园阳光明媚、风景如画，但火炬手无暇欣赏这冬日的美好风光。他们或是反复练习握持火炬的姿势，或是默念火炬交接时的注意事项，又或是抓紧时间做着热身运动，焦急地等待着奥运圣火的到来。

期待已久的奥运圣火终于到来。69号火炬手点燃火炬，向方秋子跑来，她们共同将火炬举过头顶、伸出手臂，将火炬呈60°夹角举起。在两支火炬相交的一瞬间，只听砰的一声，方秋子手中的火炬就被点燃了。奥运圣火在火炬上方燃烧着，方秋子迎来了传递火炬的高光时刻。她向下一棒火炬手的方向跑去，途中要经过一段向上的台阶，但她丝毫没有感到疲惫，一心只想尽最大的努力圆满完成火炬传递的任务。

终于，方秋子来到了属于自己的终点，那是一处眺望台，在与71号火炬手顺利完成圣火交接后，她放松下来，环顾四周，看到周边站满了围观的群众，他们挥舞着国旗、冬奥会会旗向她致意，有的家长抱着孩子，孩子手里拿着吉祥物冰墩墩、雪容融，正兴奋地向她挥手微笑。她的耳边传来阵阵欢呼祝福的喝彩声，大家高喊："一起向未来！"她也被现场的热情所感染，和大家一起高喊："冬奥加油！一起向未来！"

参加党的二十大

在担任冬奥会火炬手的同年，方秋子参加了中国共产党第二十次全国代表大会。

步入人民大会堂的中央大厅，一股庄重而神圣的气息扑面而来。宽敞明亮的空间内，高悬的巨型吊灯如星辰般璀璨，照亮了整个大厅。方秋子被这庄严肃穆的氛围深深震撼。

在庄严的人民大会堂里，方秋子与大家共唱国歌。歌声嘹亮且充满力量，流淌着对祖国深厚的情谊。

"起来！不愿做奴隶的人们……"在国歌响起的瞬间，方秋子的眼眶泛红，泪水与歌声交织，有一种难以言喻的激动与自豪。方秋子说："能够在庄严的人民大会堂，和习近平总书记、全国2000多名代表一起高唱国歌，我的心中感到无比激动和自豪，更为我们美丽强大的祖国感到骄傲。"在那庄严的场合，她的每一滴泪水，都是对这片土地深沉的爱恋，对这个时代最美的颂歌。

在党的二十大召开期间，北京代表团预备会的会场里，方秋子遇到了时任北京市委书记蔡奇。方秋子向蔡奇书记介绍自己："蔡书记好，我是高速公路收费员方秋子。"蔡书记说："我记得你，你是劳模代表，希望你能够作为一名基层代表把党的二十大精神带回去。"方秋子说："谢谢蔡书记，这一定是我未来工作的动力。"作为高速公路收费员，日复一日地默默付出也同样能够得到领导的关注与认可、被领导记住，方秋子觉得非常光荣，心中鼓足了干劲儿，更加坚定了她立足本职岗位，以高质量的服务水平为交通强国建设贡献力量的决心与信心。

蔡书记指着方秋子说："你一身的奖章，你们都是最棒的！"党的二十大胜利闭幕后，北京代表团在北京会议中心9号楼前合影后，这份意外的肯定与鼓励，如同温暖的阳光照亮了方秋子前行的道路。她没想过领导能知道自己，还为自己点赞。方秋子觉得这不仅是对她个人的认可，更是对所有辛勤耕耘、默默奉献的劳动者的最高赞誉。她深知，这份荣誉属于每一个热爱岗位、忠于职守的平凡英雄，他们都是这个时代不可或缺的力量，个体汇聚成海，共同铸就了国家的辉煌。

2022年10月22日，党的二十大胜利闭幕。10月23日傍晚，方秋子与参加大会的其他代表一样，离开了会议驻地。但是她并没有直接回家，而是前往自己的单位，将党的二十大精神第一时间传达给等候她的领导和同事们。

当时是周日，到达分公司时已经快19点了。但是"家人们"都用期待的目光看着方秋子，希望能第一时间学习党的二十大精神。

在此后的日子里，方秋子及其团队多次组织宣讲，传递党的二十大精神。

方秋子走进藏族小学，宣讲党的二十大精神。她以自己的亲身经历和感悟，向学生们传递红色正能量，激励他们勤奋学习、敢于创新。宣讲结束后，她还向学生们赠送了精美的学习用品。在广袤美丽的甘南大地上，秋子团队以实际行动传承红色文化，让党的二十大精神"飞入寻常百姓家"。

第七章　背后的支持者

扫码解锁

◉群英颂歌◉微笑名片
◉交通强国◉奋斗底色

婚后生活

在方秋子的事业上升期，陆续发生了几件大事。

2012年5月2日，方秋子与爱人步入婚姻殿堂。

2012年5月28日，由方秋子作为带头人的"秋子服务"品牌正式成立。

2012年10月，方秋子怀孕了。

短短几个月里，方秋子成了一位妻子、一位母亲、一位初创品牌的带头人。三重身份交织在一起，让方秋子不断成长、不断努力、不断收获。

方秋子和她爱人是通过朋友介绍认识的。方秋子比她爱人大两岁，俩人在见面的那一刻，就有一种相见恨晚的感觉。

一切都很顺利，这是一段水到渠成、天赐的缘分。

2012年5月2日，两个深深相爱的人步入了婚姻的殿堂。那一天，他们的心灵紧密相连，表达了对彼此的爱与忠诚。

两家人都是质朴的人，他们的婚礼没有大操大办，简单而温馨，充满了爱与祝福。

怀孕的消息让方秋子既惊喜又紧张。想到"秋子服务"品牌正在成长，她有些担心，怕自己兼顾不了家庭与工作。

幸运的是，方秋子的领导对她非常理解和支持，他们认为女性怀孕生子是再正常不过的事情，不能因为工作而耽误了人生的大事。

领导的表态让方秋子松了一口气，领导的理解和关心让方秋子非常感动。

工作方面暂时不用担心，方秋子的身体却出现了问题。在怀孕的初期，方秋子全身起了湿疹，出现了出血的情况，嗓子也发炎了。这些症状让她感到十分痛苦，甚至产生了孩子保不住的想法。

方秋子的孕吐反应非常严重，几乎是吃什么就吐什么。前3个月的孕期对她来说就像是一场折磨，折腾得她快要坚持不住了。

幸运的是，怀孕3个月后，方秋子的身体状态开始好转。孩子胎位稳定了，方秋子自己也能吃下东西、喝下水了。身体的大部分问题都得到了缓解，这让她感到非常高兴。

于是，放不下工作的方秋子又开始投入自己的事业中。一直工作到怀孕9个多月的时候，方秋子才决定休息。

2013年5月，方秋子与同事们成立了"秋子服务示范班"。那个时候，方秋子已进入孕晚期，但她仍然坚持参加了示范班的启动仪式，并且带领同事们进行了宣誓。

当时，有一些媒体来到现场进行采访。在接受采访时，方秋子表示，"秋子服务"品牌对她来说就像是另一个孩子，与自己的孩子一样重要。

方秋子在休产假大约1个月时就生了孩子。孩子体型比较大，因为在剖宫产的过程中孩子呛到了羊水，导致其肺部有些问题。加之当时方秋子是在郊区医院生产的，那里的医疗设备和条件相对于市区的医院来说差一些，只能从孩子的颈部吸出羊水。后来方秋子与家人把孩子转到了市区的医院，孩子在那里住院治疗了23天。

那段时间，医院规定1个星期只允许探视孩子1次，母子连心，想到孩子独自在医院，方秋子就伤心难过。

后来有一次，医院给方秋子丈夫打电话，询问了他家庭住址，并让他下午3点前去医院一趟。

方秋子就想，是不是孩子出了什么事，是不是孩子的情况恶化了？方秋子越想越伤心，眼泪不停地掉，担心孩子。家里人陪在她的身边，也一同陷入了担忧与不安之中。

紧张的气氛笼罩着这个家庭。方秋子还在月子期，身体尚未完全恢复，不能出门，只能一个人留在家里等待消息。

丈夫和其他家人匆匆赶去了医院，他们第一时间告诉方秋子孩子没有问题，只是医生决定给孩子换一种新药，需要家属签字同意。

听到这个消息，方秋子心里才稍微踏实了一些，但心头的阴霾还是没有散去。因为这次换药算是最后的尝试了，如果新药使用后还是没有效果，那么她的孩子可能就救不活了。

那段日子，方秋子作为一位母亲，每天都希望自己的孩子早日康复。

不幸中的万幸，后来医生告诉方秋子，孩子出生时有9斤多重，他自己的身体状况很好、抵抗力很强，再加上用药治疗，情况已逐渐好转。如果是6斤多的孩子，可能就真的救不活了。

儿子一出生就在医院住了23天，方秋子心疼得不行。儿子出院那天，方秋子一整晚都没有睡着，哭了好半天。

后来她忙于工作，很少陪伴儿子。他第一次爬、长牙、第一次叫妈妈，自己都没有在场，儿子是婆婆一手带大的。方秋子为此感到内疚与惭愧，希望用自己全部的爱来补偿儿子。

家庭的支持

儿子平安出院后，方秋子觉得自己充满了活力和干劲儿。家里有丈夫和公公婆婆的帮助，她可以全心全意地投入工作。那时她经常出差，参加各种培训，一走就是三五天。她觉得，只要自己努力工作，就能给家人提供更好的生活。

然而，随着时间的推移，孩子渐渐长大，方秋子意识到，自己错过了很多陪伴儿子成长的时光。

有一天上午，方秋子难得送儿子去上幼儿园。在幼儿园门口，许多家长目送孩子兴高采烈地去上学，脸上洋溢着笑容。但是方秋子无法在门口看着儿子走进去，因为工作繁忙，她只能匆匆忙忙地离开。

突然，儿子紧紧抱住方秋子的大腿，使出十分的力气，眼泪汪汪地说："妈妈，你不要我了。"这一幕在其他家庭其乐融融的氛围中格外刺眼。

那一刻，方秋子感到了深深的愧疚和自责。她知道，儿子之所以这么做，是因为自己没有给他足够的安全感，没有让他感受到母爱的温暖。

她深深地意识到，自己对孩子亏欠得太多了。所有家务事、对孩子的照顾和教育，她都一股脑儿地扔给了公公婆婆和丈夫去承担。方秋子对此深感愧疚。她知道自己作为一名母亲缺席了太多，因为工作繁忙，她把原本属于自己的职责都推给了家里人。

直到现在，每当有人问起方秋子，孩子在学校上些什么课、学校需要交多少饭费之类的细节问题时，她都无法给出准确答案。她对这些一无所知，一直都是她丈夫在处理这些事情。丈夫不仅要忙于工作，还要承担起照顾孩子和处理家庭琐事的责任，这让方秋子感到非常内疚。

孩子出生后，照顾孩子的重任就落在了方秋子公公婆婆的肩上。起初，公公婆婆和丈夫对于她忙碌的工作状态有些不理解。

幸运的是，经过耐心的解释，家人们最终都理解了她。不仅理解，他们还全力支持。为了让方秋子能够更好地投入工作，婆婆甚至申请了提前退休。这样，她就可以全心全意地照顾方秋子与孩子了。婆婆是一个非常勤快的人，她总是把家里收拾得井井有条。方秋子在家几乎不需要做任何事情，就连床单、被罩等都是婆婆定期帮她清洗的。除此之外，婆婆还会定期打扫房间，所以方秋子根本不需要操心这些家务事。方秋子非常感谢婆婆对自己的理解和付出。

在她眼中，婆婆就和自己的亲妈一样，没有区别。

公公口才很好，所以方秋子和他的交流比较多。

有一段时间方秋子特别忙，没有时间照顾孩子，经常找婆婆帮自己照顾孩子。

有一天，正当方秋子准备去上班的时候，公公突然对她说："你等一下，我和你谈一件事。"公公话音刚落，方秋子心里咯噔一下。她想，这段时间自己因为工作都没什么时间照顾孩子，经常找婆婆帮忙，公公肯定要批评自己了。

然而，出乎意料的是，这位慈祥的老人对她说："你要保重身体，不要太劳累。如果身体垮了，你就什么都做不了了。"公公的话让方秋子心里涌入一股暖流。公公不仅没有对她忙于工作表示不满，反而体贴地关心她的身体，这让方秋子十分感动。

直到今日，公公婆婆还是这样关心方秋子。如果她近段时间比较累，婆婆就会主动提出帮她照顾孩子。这让方秋子感到了家庭的支持和温暖。

方秋子也非常感激丈夫对家庭的付出。每当孩子生病需要去医院时，他总是毫不犹豫地承担起责任。他的体贴让方秋子感到无比温暖和感动。

由于工作繁忙，方秋子经常需要进行采访和汇报工作，晚上回到家后，她常常感到疲惫不堪，不想说话，周末也只想静静地躺在床上休息，什么都不想做。看到她这样疲惫，丈夫总是能够理解并体贴地为她着想。他会在周日早早地带孩子出门，直到晚上吃完饭才回家，为的就是给方秋子留足休息的时间与空间。这样的日子让方秋子感到非常幸福和满足。

方秋子的同事们常常羡慕地说她太幸福了。大家都知道她有一位如此体贴和关心她的爱人，总能在她最需要的时候给予支持和帮助。这让方秋子深感幸运。她知道，没有家庭的支持，自己也无法取得这些成就。

童年时期，方秋子在父母与姐姐的身边快乐成长，家里人都很善良、勤劳朴素。长大后，方秋子组建了自己的小家庭。她与丈夫深爱着彼此，这份爱没有被岁月以及生活的琐碎抹去，反而历久弥新。公公婆婆也非常通情达理，不仅口头上支持她的工作，更用行动表达了支持。连带着儿子，也在这样和谐幸福的家庭氛围中理解了她的工作。

团队与单位的支持

"自从我们品牌建立之后，集团以及分公司的各级领导为我们提供了大力支持。领导告诉我们有什么需要尽管提，都会尽力满足。"方秋子说，"不论是公司的领导，还是秋子团队的成员，都非常支持我的工作！"

团队遇到困难时，大家群策群力、一起讨论。大家的出发点和宗旨都是为了把品牌打造得更好，所以虽然在工作中偶有争执，但是私下里大家的关系都非常好。

当方秋子需要人帮忙时，大家都踊跃报名、义不容辞。

方秋子自己就是从一线员工成长起来的，她知道一线工作者有多辛苦，尤其是倒班熬夜。自从2019年拆除省级收费站、2020年收费站全国联网后，单位就不再招收新的收费员了。

团队成员大多数都是37岁左右，正是上有老、下有小的年纪，好不容易轮班休息，都希望能在家里陪伴家人。

但是只要方秋子需要，哪怕会占用宝贵的休息时间，大家也都积极响应。方秋子特别自豪地说："有什么活动，我只要在工作群里说一声，都不需要提前打电话，他们就直接答应了。"

有的成员上后半夜的班，一下夜班就跟着方秋子参加活动，要忙到傍晚6点才结束，回到家休息一会儿又要接着上班。即使如此辛苦，团队成员也都互相体谅、同心协力。

有一件事方秋子记得非常清楚。那时候她要去市委党校，给新发展的党员上一节党课，需要有一个人在旁边帮忙放幻灯片。

方秋子在群里问有谁愿意去帮助，大家都踊跃报名："秋姐，我休年假，我可以去。"

"秋姐，我来吧，那天我刚好下早班，我跟你去。"

这些话总是让方秋子暖在心里。

那一次来回车程就2个小时，上党课40分钟，一共3个小时，等结束回到站里都下午5点多了。去帮忙的那位成员简单洗漱了一下就去上大夜班了，丝毫没有叫苦叫累。

方秋子非常感慨，大家都是有家庭的人，占用休息时间的活动也不能进行硬性要求。但是团队成员都非常配合，大家齐心协力、互帮互助。

除了团队成员的配合，秋子团队的成功还离不开公司领导的无条件支持。

在团队有困难需要公司帮助时，方秋子可以直接找公司相应的负责人。有好多次，秋子团队的工作需要公司党建工作部帮忙，这时她就直接联系部长："部长，我这边工作遇到点儿困难，需要咱们党建工作部帮我们协调一下。"

不管是2015年被评为全国劳动模范时，还是2017年参加党的十九大、2022年参加党的二十大时，每次开完会，公司的党建工作部部长都要和方秋子通个电话，看看她有没有需要帮忙的地方。发言稿或者一些媒体的采访发言，方秋子也都会找领导帮忙看看，咨询修改建议。

每次开完会，其他劳模或者党代表都是家里人来接回家，方秋子则是单位接。

单位的部长主任、中层领导、经理书记等都会在单位里等着她一起开座谈会，分享开会的收获。

每次看到单位的人来接自己，方秋子都特别自豪。没错，这些同事、领导都是自己的"家里人"呀！其他劳模或者党代表看到后，都对方秋子说："我们都特别羡慕你，你们单位对你的工作真是太支持了。"

方秋子感觉特别幸福，她常常说自己的奖章应该分成两部分，一部分属于单位，一部分属于家庭。

第八章　永远真诚热情的她

扫码解锁

◉群英颂歌◉微笑名片
◉交通强国◉奋斗底色

姐妹"春秋"

直到现在，方春艳依然清晰地记得第一次见到妹妹的场景。

那年方春艳7岁，正午的阳光温柔地洒满了归家的小径。推开家门那一瞬间，惊喜不期而遇——土坑旁，一个婴儿正被母亲轻柔环抱。婴儿那双清澈的眼眸，闪烁着无邪的光芒，直冲小春艳心灵深处。妈妈说，妹妹是秋天生的，秋天是果子成熟的季节，所以给她起名叫"秋子"。这个名字饱含父母对方秋子一生富足安康、硕果累累的殷切期盼。

儿时的方秋子，是大家的开心果，她活泼如林间小鹿，是孩子们公认的"小领袖"。每当中午方秋子放学归家时，家中便洋溢着欢乐，而她，总是用稚嫩的嗓音编织着一个又一个有趣的故事。

方秋子虽小，却勇于担当，当时父母辛劳在外，每天早出晚归。方秋子便如小大人般，肩负起了家务的重任，那句"姐姐，今天我炒米饭，你安心写作业吧"成了方春艳最温馨的记忆。方秋子总是在默默做完家务后，才开始写作业。到现在，方秋子在灯下写作业的小小身影还时不时出现在方春艳的脑海里。

夜幕降临，姐妹俩共卧一榻，方秋子总是把姐姐逗得哈哈大笑，她一边讲述着班里发生的趣事儿，一边问姐姐的看法。姐妹俩共度的每一个夜晚都充满了温馨与甜蜜。

随着时间流逝，姐妹俩都长大了，但就算已经工作了，方秋子还是保持着这个习惯——询问姐姐的意见。刚刚参加工作的时候，她每个星期都会和姐姐聊天，诉说自己遇到的困难，听姐姐的意见。有一次，她问姐姐："如果一天收费结束后，结账的时候发现账上多出5元钱或少了5元钱，怎么办？"

方春艳说："不管是多还是少，都是一样的。多了钱，你不能把它装到自己的腰包里；你肯定不愿意少了，因为少了钱你就要自己掏。出现这个问题是因为你自身业务水平不扎实，为了不出现这个问题，你要多多练习点钞，在工作中一定要细心、耐心。"

姐姐的建议永远质朴、真诚，方秋子听后铭记于心，直至今日，她仍会常常想起姐姐的话。

方春艳还记得妹妹第一次获得荣誉时候的情景。得知被评为"北京市劳动模范"的那一刻，方秋子的喜悦如同秋日丰收的田野般广袤而热烈。她第一时间打电话给姐姐，激动地和她分享这个喜讯："姐，我被评为'北京市劳动模范'了！"电话中，方秋子声音里满是激动，方春艳则马上说："这份荣誉是公司和领导对你的信任，是同事们对你的支持和帮助，也是你不懈努力的结果。但是，你不要骄傲，今后要用这份荣誉鞭策自己，弥自身的不足，挖掘自己的潜能，充分发挥自己的优势。一分耕耘，一分收获，你要从点点滴滴的工作中，细心积累经验，不断地提升自己的工作水平，再上一个新的台阶。"姐姐的话是提醒也是鼓励，让方秋子更深刻地明白了这份荣誉背后的分量与责任。

⊙ 方秋子（右）和姐姐方春艳的童年合影

方秋子听进去了，从此，无论获得"全国优秀共产党员"，还是"全国劳动模范""全国三八红旗手"等荣誉，她都始终保持初心、真诚待人、不畏艰辛，以温暖之心照亮他人。

时光荏苒，在姐姐眼中，方秋子永远是那个纯真、勇敢、坚韧不拔的妹妹，方春艳也用自己的行动诠释了何为亲情，何为责任与担当。

秋天的红叶

方秋子是个怎样的人？交通行业的一位工作者——任航是这样说的："我觉得秋子就像秋天的红叶，在空中认真飞舞、为土壤真诚铺陈，温暖着一片天地。"

在2016年的一次"绿色出行畅通北京"交通宣讲团选拔活动中，任航结识了方秋子。那次活动时间仓促、场地简陋，但选手众多。作为活动组织方，任航早在报名阶段就留意到这位当时年仅28岁的全国劳模。年纪轻轻，她是怎么成为全国劳模的呢？任航心里有点儿疑惑，但他知道这背后肯定有很多不平凡的故事。

在选拔过程中，方秋子展现出了极其认真的态度。她精心准备了演讲稿和幻灯片，又特意请来了同事帮她播放配乐，且全程脱稿，表现得自信又大方，准备充分，全情投入。方秋子出色的表现和尽职尽责的态度给任航留下了非常深刻的印象。

自此之后，方秋子成为"绿色出行畅通北京"交通宣讲团的一员，陪同宣讲团走进机关、企业、学校、社区，参与了上百场宣讲活动。2017年当选党的十九大代表后，方秋子更希望通过宣讲活动将党中央的精神传达到基层。她分享自己的心得体会，用自己的成长历程感染和激励更多的人为新时代做出贡献。

方秋子把自己的成长放在了时代背景下、放在了与祖国母亲一起成长的历史中。她是一位全国劳模，也是一位高速公路收费员。她从来没有忘记自己收费员的身份，宣讲的时候也会结合在场观众的生活，没有高高在上，只有平易近人。

很多时候，宣讲任务比较繁重，任航会觉得麻烦了方秋子，因为她是党的十九大、二十大代表，是全国劳模，是冬奥火炬手……她各种荣誉加身，活动很多。但是让任航没想到的是，只要有宣讲需要、只要有时间，她都会参加宣讲，而且十分认真。

无论是在寒冷的露天操场，还是在闷热的会议室，方秋子都尽心尽力地进行宣讲。

有一次，方秋子受邀参加北京市劲松职业高中的升旗仪式，为全校师生进行宣讲。

她想，学生们肯定对自己当冬奥会火炬手的经历很感兴趣，如果能把奥运火炬实物带到学校，学生们一定很激动。

所以，尽管住处离学校很远，她还是绕路返回取来自己保存的火炬，与大家分享她作为火炬手参与北京2022年冬奥会火炬传递的经历，以此来激励青年学子追逐梦想、勇往直前。

年初的北京寒风凛冽。操场上，学生们顶着冷风听方秋子讲述自己的成长经历。当方秋子拿出火炬时，全场都沸腾了。火炬点燃了学生们心里的火苗，在他们心中埋下了一颗积极进取的种子。

⊙ 2018年4月，方秋子收到北京市劲松职业高中赠予的锦旗

在与方秋子一同走过宣讲之路的任航眼中，方秋子不仅认真负责，而且真诚细致。荣誉和光环并没有让她与他人产生距离，相反，她真诚地对待身边的每一个人，关心着他们。

每次去外地出差，方秋子总会带回一些小礼物，如明信片、指甲刀、钥匙链等，同事们都能感受到她的温暖。她总是用朴实的言行，传递着自己的体贴、周到、温暖和真诚。

方秋子说，她能获得荣誉是党和群众对她信任。作为党的十九大、二十大代表，她以宣讲员的身份去分享自己作为一个平凡的人如何在时代中成长，并向党组织传递来自基层一线的声音。

任航与方秋子的友谊在一次次接触中越发深厚，同是交通人，任航深刻感受到方秋子从骨子里散发出来的认真与热情，她就像秋天的红叶，展现自己的美丽的同时，又甘愿化作泥土更护花。

不忘初心

对于另外一位交通人王修书而言，方秋子在交通行业的广阔天地里，如同一颗璀璨的星辰，即便身处平凡岗位，亦能闪耀不凡的光芒。

在王修书眼里，方秋子是爱与交通的使者，她以甜美的微笑为笔、精湛的业务为墨、优质的服务为纸，绘就一幅幅"北京服务"的温馨画卷，于无形中树立起行业标杆，让"小我"融入"大我"之中，成为北京高速公路高水平服务的"形象代言人"，成为全国交通行业内一张闪耀着金色光芒的亮丽名片。

在一次年会中，王修书第一次见到方秋子。她的热情与对工作的热忱让王修书记忆犹新。从她的身上，王修书深切感受到了新时代女性那份对国家、对社会、对家庭的深情厚爱与沉甸甸的责任感。

在那次年会上，方秋子作为特邀嘉宾和同在交通行业的其美多吉、农凤娟、常洪霞等先锋人物并肩而立，共话交通事业的发展与未来。

坐在台下的王修书，被这些交通行业先锋人物的故事感染着，为这些在平凡岗位上书写不平凡故事的人物所感动。

当帷幕缓缓落下时，许多媒体争先恐后地采访方秋子。王修书站在一旁默默等候，希望能有机会和方秋子合张影，也算不虚此行。

在摄像头下，方秋子依旧保持着那份从容与淡然。等采访结束已经12点40分了，虽然王修书知道方秋子还没吃饭，自己上去请求合影不太合适，但是错失合影机会，自己一定会追悔莫及。于是，王修书快步上前说："秋子老师您好，您是我们交通人的榜样，我能和您合张影吗？"回应他的是一抹温暖的笑容和一句爽朗的"可以"，这让王修书很激动。在合影时，方秋子注意到背景比较杂乱，她还细心地提议更换位置，力求照片完美，这份细腻与体贴，让王修书更加动容。

就这样，王修书留下了与方秋子的第一张合影。当王修书和方秋子合影后，其他仰慕方秋子的人也纷纷上前请求合影。

合影之后，王修书仿佛怀揣着一份珍贵的宝藏，心中满是激动与兴奋。而后，王修书萌生了一个念头：要将这份正能量传递给更多的人。于是，王修书提议邀请方秋子来承秦公司，为一线收费员们宣讲党的二十大精神，让劳模精神的光芒照亮每一个角落，激发每一位同事的工作热情与干劲儿。

王修书怀揣着满腔热忱，向公司党委负责同志做了汇报，他们听后，眼眸中闪烁着认同的光芒。若方秋子能在百忙之中抽出时间来到承秦公司给他们讲一堂党课，并指导承秦公司文化品牌创建工作，为承秦公司的文化品牌创建工作注入新的活力，可谓两全其美！

然而，方秋子实在是太忙了。但王修书未曾放弃，始终与秋子团队保持着密切的联系。后来，王修书接到了明确的答复，方秋子将在5月下旬来承秦公司。王修书听到这个消息的时候，高兴得跳了起来。方秋子的承秦之行就这样如约而至。

如果说在年会上是短短的一面之缘，那么在承秦的相聚，便是心与心的交融。在短暂的时间里，王修书对这位获得"全国劳动模范""全国三八红旗手"等多项荣誉的党的二十大代表方秋子，有了全方位、更深层次的认识。

方秋子的宣讲生动朴实、感情真挚，没有枯燥的说教、浮夸的言辞，唯有她亲身经历的各种感悟，以及那些幕后的故事。如春风化雨，润物无声，让观众深切感受到了党中央决策的务实与温暖。

在去参观的路上，方秋子弯腰拾起台阶上的国旗，说国旗是神圣的，不能落地。这一幕深深烙印在王修书的心头。她的举动那么自然、话语那么朴素，一个小小的举动、一句简单的话语，却显示出拳拳的爱国之心。那一刻，王修书深刻感受到，方秋子的爱党、爱国情怀，已根植于骨髓，流淌于血液，成为她生命中最鲜艳的色彩。

方秋子谦逊地笑谈荣誉，将那些沉甸甸的奖章看作是与团队并肩作战的见证，而非个人的荣耀。这样虚怀若谷，让王修书心生敬仰，仿佛看到了一位智者，在人生的高峰上依然保持着谦逊与平和。

王修书说："因为获得的荣誉，秋子老师经常被人谈论，可她就是方秋子啊。她说不喜欢被人崇拜的感觉，同事之间还是应该平常对待，不要过多关注所谓的光环。"

"荣誉与鲜花再多，我仍是我——那名在高速公路上以微笑点亮车主旅程的收费员。"方秋子这样说。

"你不是太阳，但能发出比太阳更温暖的光。"这是王修书对方秋子的评价。她让王修书明白，即便是最微小的光芒，也能点亮黑暗，温暖人心。在这个世界上，正是有无数像方秋子这样用行动诠释爱与责任的人，才让社会充满了温暖与希望。

宣讲完毕，方秋子即将启程离开承秦，王修书心中满是不舍，但更多的是被她那股向上的力量所感染。

对王修书来说，方秋子就像是邻家小妹，率直、开朗、乐观，用自己的方式诠释着生活的美好与真谛。王修书那份来自心底的感激与敬佩，也化作他对方秋子的一声声感谢。

正是在那个美好的5月，两位交通人共同种下了友谊的种子，期待着它在未来的日子里绽放出绚烂的花朵，让他们的缘分更加深厚。

知心姐姐

对齐扬来说，与方秋子的结缘，宛如时光长廊中的一抹温暖亮色，可以追溯至10余载悠悠岁月之前。

2008年，机场南线开通了，方秋子与齐扬在这片繁忙而又充满希望的土地上不期而遇。彼时的方秋子已在行业中崭露头角，成为行业里一颗冉冉升起的新星，她的名字连同事迹在业内广为流传，大家都以她为榜样，激励自己奋力前行。

当时，齐扬初次踏上收费员的岗位，面对纷繁复杂的业务与层出不穷的挑战，心中难免忐忑不安，担心自己收费速度慢、处理特殊情况的能力不足。幸运的是，命运巧妙地安排了方秋子成为齐扬的引路人。齐扬特别荣幸，她知道这么优秀的师傅一定有"独门绝技"，便下定决心要好好向师傅学习。

步入小小的岗亭，方秋子先亲自示范给齐扬看操作流程，她的每一次操作，每一个微笑，都蕴含着无尽的智慧与温情。那些友善的微笑、谦逊的态度、流畅的动作，都让过路的司机十分温暖。

而当齐扬照着方秋子的要求去做时，才明白她的良苦用心。齐扬发现司机和自己对视的时间长了，眼神中也有了亲和力，离开时还和自己示意，这些举动给齐扬的工作带来了很大的动力。

齐扬说方秋子是一个充满耐心、细心又贴心的人，总是像知心姐姐一样帮助周围的人。

在工作中，她是无可挑剔的模范，乐于倾囊相授，她的身影总是出现在答疑解惑的最前线。每当有人遇到不明白的内容时，她总是第一个伸出援手，不厌其烦地讲解，直至迷雾散去，豁然开朗。她的胸怀宽广如海，能够包容所有的不解与质疑，用耐心和智慧为每一位求知者照亮前行的路。

走出工作的严谨框架，方秋子又是生活的调色师，她的笑声清脆悦耳。在她的世界里，没有解不开的心结，没有跨不过的鸿沟。

记得有一次，单位活动前夕，齐扬由于赶时间，不慎与前面的车追尾。从来没有出过交通事故的齐扬很慌张，不知道该怎么办。这时方秋子打电话问齐扬到哪儿了，齐扬只能结结巴巴地说追尾了。方秋子一下子就听出齐扬语气中的慌张，一步步地告诉她接下来该怎么办，还安抚齐扬不要着急，她马上过来。当齐扬看到方秋子时，再也忍不住，情绪一下子宣泄出来，泪如雨下。方秋子轻拍她的肩膀安抚，说人没事就好。齐扬擦干眼泪点了点头，内心对方秋子的感激之情油然而生。

是方秋子用她那双温柔且坚定的手，轻轻拨开齐扬心头的迷雾，通过电话传递来的不仅是解决问题的步骤，更是那份温暖的力量，让齐扬感受到了家人般的依靠。

生活中的点点滴滴，汇聚成了方秋子那高大而又亲切的形象。她用行动诠释了什么是真正的善良与热心，她的身影早已深深镌刻在身边朋友的心中，成为不可替代的存在。

"勤廉"的代言人

在王颖的眼中，方秋子就是当之无愧的"勤廉"榜样。

揲及"勤廉"二字，每个人心中都有不同的理解。有人视其为百姓对正直官员的无上颂歌，是历史长河中不灭的灯塔；有人视其为勤奋与诚信的双翼，是个人操守与社会道德的坚实基础。

方秋子用实际行动诠释了勤廉的真谛。作为她的助手，王颖与她并肩作战，亲历了那些加班加点、不辞辛劳的时刻。方秋子自喻为"宣传党的声音的小喇叭"，她的日程排得满满当当，却也在百忙之中挤出时间写稿宣讲，只为将党的声音更加精准、生动地传递给每一位听众。她牺牲了无数的个人时光，却从未有过一句怨言，那份对工作的热爱与执着，如同春蚕吐丝，默默编织着属于她自己的勤廉之路。在她的世界里，奉献不仅是对职业的尊重，更是一种深入骨髓的信念。"勤廉"二字在她身上焕发出了别样的光彩。

"微笑着奉献，奉献着微笑。"这是方秋子践行的准则。

在工作上，王颖和方秋子形影不离，方秋子的每一步足迹、每一天的行程安排，王颖都了如指掌。她们不仅是工作上并肩的战友，更是生活中相邻而居的邻居，日复一日地朝夕相处，让王颖看到了方秋子身上那熠熠生辉的勤廉之光——那是一种无私的奉献精神。

在党的十九大胜利闭幕的那个下午，方秋子还未来得及整顿休息，便匆匆踏上了新的征程。返岗的当日下午，她就像火种，在集团内部点燃了学习党的十九大精神的熊熊烈焰。一场场分享交流会议接踵而至，她的声音如春风化雨，滋润着每一位听众的心田。她与集团精英携手，组建了党的十九大精神宣讲团，穿梭于集团内外，将党的声音传遍每一个角落。

不仅如此，方秋子还是多个宣讲团的成员，从北京市交通委的"绿色出行"倡议，到国资委的"永远跟党走"誓言，到团市委的"青年榜样"风采，再到妇联的"最美巾帼"赞歌，她的身影无处不在。方秋子面向各个行业领域人员宣讲累计500余场，撰写对外宣讲稿件10余个版本。她的每次宣讲都需要脱稿背诵，所以在车上背诵临时更改的稿件的情况时有发生。面对自动播放的视频，为了能精准地对接旁白，她需要耗费很多时间进行练习，直到形成固定的语速，可以与视频完美衔接。500余场宣讲，10余个版本的稿件，一字一句都凝聚着她的心血与汗水。

王颖记得，最早开始工作的一次，方秋子凌晨4点就起床洗漱，为了配合单位的时间，5点30分出发前往宣讲地，只能在车上吃早饭和化妆。

工作结束最晚的一次，是在市中心，为了第二天的颁奖典礼，方秋子彩排到夜里11点，连末班地铁都赶不上。那时夜深人静，只有她们仍在忙碌，彩排的灯光映照出方秋子疲惫却坚定的脸庞。结束后，她们裹着大衣打车回家，第二天早上8点又准时返回会场。

宣讲安排紧密，每场宣讲至少需要1个小时，这种高强度的工作，让方秋子的嗓子几度沙哑，但她从未言弃。她经常是上午宣讲结束，中午去医院接受治疗，然后下午又含着润喉片继续备场，从未缺席宣讲团的活动。这是她对职责的坚守，对使命的担当。

王颖记得，每当自己劝方秋子休息时，她总会微笑着摇头，眼中闪烁着坚定的光芒："能作为党代表加入宣讲团，是党和人民对我的信任。将大会精神及时、准确地传达给每一个人，是我义不容辞的责任。全心全意为人民服务，是我永恒的初心和使命。我必须切实发挥好'宣传党的声音的小喇叭'的作用！"

完全义务的劳动，是方秋子坚守的原则。

春意渐浓的2月，方秋子一行人驱车前往国贸CBD工会，赶赴一场关于党声传递的宣讲会。去往会场的路上，一位工作人员悄悄地将王颖拉到一边，嘴角挂着一抹笑意，低声询问："您好，方秋子老师的宣讲实在是太火爆了，我们联系了1个多月才排到，能冒昧地问一句，方秋子老师的出场费是多少吗？"

王颖还是第一次碰到这种情况，不由得有些呆愣。之前可从来没有人询问过出场费，或者说秋子团队做宣讲从来都是义务的。见王颖没回答，工作人员尴尬地说道："之前联系负责人的时候，没好意思提前问，是不方便回答吗？"

王颖迅速回神，言语间满是坚定："我们不收费，完全是义务的。"

方秋子的每一次宣讲，分文不取，因为热爱与责任是纯粹而炽热的。此言一出，工作人员眼中闪烁的不仅有惊讶，更有钦

⊙ 方秋子（后排中间）参加北京市东城区体育馆路小学开学典礼

佩。会后，方秋子礼貌地婉拒了对方递来的纪念品，在对方赞赏的目光中离开了会场。

王颖还记得许多诸如此类的细节，哪怕是微不足道的打车、用餐，都透露着她的坚持。一次宣讲之后，方秋子与人有约，明明就在附近，她却果断拒绝司机送她的提议，选择自己打车前往，她说："不能公车私用！"方秋子的每一次行动都是对职责的忠诚践行。

勤，见于不懈的努力与奉献；廉，则贵在内心的坚守与自律。方秋子，以她的言行，诠释了何为真正的勤廉典范——她有一颗为民服务的赤子之心，一股脚踏实地的实干热血，以及那份难能可贵的一身正气与两袖清风。

热爱与坚守

王颖除了是方秋子的助手，帮助她处理日常事务，还是她的爱徒。

"每个人都有自己的职业选择，或轰轰烈烈，或平平淡淡。12年前，我走出校门成为一名收费员，一次选择，一生担当。像家一般温暖，让每一位过往乘客记住这段美好的旅程。我叫方秋子，是京沈分公司机场南线一名平凡的收费员。"这是方秋子作为全国劳动模范在宣传片《于平凡　见非凡》中的一段独白，王颖一直记在心里。

2013年，王颖走出大学校门，来到机场南线收费所，成为一名平凡的高速公路收费员。也是在这里，王颖遇见了自己的师傅——方秋子。方秋子对于王颖来说亦师亦友，既是榜样，又是她不断前行的动力。

在方秋子身上，王颖切实地感受到了她从骨子里散发出来的对岗位的热爱。正是这份热爱，让方秋子扎根一线、默默付出、不辞辛劳，微笑着奉献，奉献着微笑。

王颖与方秋子初次邂逅在2013年，京沈分公司设立"秋子服务示范岗"启动仪式的现场。王颖看到一位怀有身孕的女同志穿梭于站区，忙来忙去。那时候王颖就被方秋子的活力所震惊：怀胎8个月，还能在工作中这么拼命。她的身影虽显笨拙，却异常坚定。后来方秋子说："这是我最忙碌的一段时光，也是我最开心的一段日子，我和我的孩子都在见证着'秋子服务'品牌的成长！"

岁月流转，2015年，王颖通过电视看见方秋子站在了"全国劳动模范"的璀璨舞台上。电视那端传来她掷地有声的话语："是坚定的信仰，给予我不断前行的力量！"这句话，王颖记住了。

2017年，方秋子作为党的基层代表参加了党的十九大会议。交流会上，方秋子的声音满怀激情："我有一个梦想，我要为高速交通代言！"

寒暑更迭，10年有余。后来，作为徒弟，王颖在方秋子身边听到过很多话，有充满干劲儿的、有启迪思想的、有触动心灵的……那些言论，或激昂奋进，启迪心智；或温柔细腻，触动心弦。

在方秋子身边，王颖逐渐领悟到，唯有心灵深处怀有对工作的热爱，方能点燃生命之火，有所成就。

受方秋子的影响，王颖开始享受工作中的每一个细节，每一个挑战，每一次成功。工作不再是一种负担，而是一种快乐和成就感的来源。

2018年深秋的一天，在T3航站楼的交错路口，一辆A型小客车强行并线，与一辆出租车相撞，导致出租车上一名女乘客头部受伤。方秋子和王颖那时候正在值守服务台，发生事故后，立即赶到现场。车祸现场一片狼藉，女乘客用手捂着头，她脸上和手上都沾染了鲜血，空气中弥漫着不安与焦虑。第一次面对鲜血与泪水交织的场景，王颖恐惧又无助，不知如何下手。这时方秋子镇定自若，第一时间取来了小药箱，为伤者进行简单处理后，一边联系救护车，一边不断地安抚伤者，有条不紊，直到把伤者送上救护车后，才带着王颖默默离开。

在回去的路上，方秋子敏锐地捕捉到王颖沮丧的心情，安慰王颖说："不要怕，你已经很棒了，只要咱们真诚、热情地为群众着想，力所能及地用自己的实际行动去帮助群众解决困难、传递正能量，就是最好的服务了。"

之后，王颖复盘事情经过，学习方秋子的处理方法，同时也对自身进行了反思和总结。王颖开始懂得，服务不仅仅是职责所在，更是一种心灵的传递，是人与人之间最真挚的情感交流。

次日，又一起突发事件发生。王颖迅速而有序地组织救援，既解决了问题，又安抚了司机情绪。面对司机的感谢，王颖忽然理解了师傅在工作中的无私奉献。王颖更加自信和坚定了，因为她知道，她的付出终会得到肯定与认可。她获得了前所未有的成就感与自豪感，而这一切都离不开方秋子的言传身教。

如今，王颖更加坚信，在方秋子的引领下，只要心怀热爱，秉持信念，用真诚和热情去服务每一位司机，用实际行动去传递正能量，就一定能够在平凡的岗位上绽放出不平凡的光彩，实现自我价值的璀璨升华。

2021年初冬的凌晨，高速公路收费站区沉浸在一片静谧之中，车流稀疏。作为带班班长，王颖穿梭于各个岗亭间，看着收费员们略显疲惫却坚毅的脸庞，鼓舞道："大家再坚持一下，还有2个小时我们就能下班回家啦！"话音尚在空中回荡，轰的一声巨响，如平地惊雷，出京04道瞬间被漫天的尘沙所笼罩。带着不祥的预感，王颖疾步冲向那未知的混乱中心。

事故现场，一辆轿车如同一头失控的巨兽，撞散了锥桶的防线，侧翻在车道内，车身扭曲，宛如风暴中的一叶扁舟。出京04道正好是方秋子值守的车道，她及时赶来，迅速而有序地指挥人群疏散。她让王颖在安全线外观察车辆是否有汽油泄漏，自己则无畏地冲向最前线，细心救助受伤的车主，果敢而从容。

这并非王颖初次目睹车祸的残酷，但惨烈的场景仍让她心有余悸。车门一面朝地，另一面朝天，他们只能通过破碎的挡风玻璃，为困于车中的生命探索出路。

见此情景，方秋子毫不犹豫地挺身而出，王颖紧随其后，师徒二人戴着工作手套，在车窗位置进行破窗救援。为了保护车主的安全，她们不敢借用任何工具，只能用自己的双手去撕裂破损的前挡风玻璃。为了让车主有安全感，现场没有人叫嚷，十分安静，空气中只有师徒二人沉重的呼吸声和玻璃的碎裂声，方秋子不时用她那沉稳的声音安抚着车主。经过一番艰难的努力，生命的通道终于被她们打通，她们用自己的双手搭起一条传送带，小心翼翼地将受伤的车主托出险境。

事后，当方秋子用纸巾擦拭手上的细微伤痕时，王颖的心像被什么狠狠揪了一下。那伤痕，在这寒冬腊月里显得格外刺眼，仿佛是方秋子恪尽职守的烙印。

王颖不禁责怪师傅为何不先保护好自己，方秋子只是淡然一笑，轻描淡写地说：“没事儿，只是破皮儿了，关系到人命的事儿，可耽误不得，尤其是在我车道上发生的事故，我肯定得上啊！”

她的话语虽简单，却如重锤般敲击在王颖心上，让她对“坚守岗位、尽职尽责”有了更深的理解与敬畏。

在收费站这片小小的天地间，王颖见证了太多令人动容的瞬间，有迷途老人被收费员们悉心指引找回归途的温馨；有收费员与司机间那真诚的友谊；有收费员们面对诱惑，依然坚守原则的清廉与正直，这些都如同冬日暖阳，温暖着王颖，成为她继续前行的力量源泉。

在这里，“方秋子们”全力做好首都交通的服务代言，把三尺岗亭作为奉献社会的广阔天地，“方秋子们”努力提升服务品质，真正做到为发展服务、为社会服务、为人民服务，让交通服务更有温度。

“坚守岗位，尽职尽责，爱于交通，臻于至善。”这是他们的誓言，也是他们终身践行的准则。

⊙ 方秋子为司机指路

小岗亭大舞台

　　岁月悠悠，时代变迁，北京高速公路上车辆川流不息。在这繁忙而又充满希望的北京高速公路上，方秋子与许许多多个平凡的交通人一样，坚守在工作岗位上。

　　质朴的家风浸润幼年时方秋子的心田。她的童年，充满着由稚嫩的嗓音编织的欢声笑语。父母乐于助人、不言放弃的品质更是将勇于担当、坚持不懈的精神从小就烙印在方秋子的心底。随着时光的流逝，方秋子逐渐长大，她选择走一条看似平凡却又充满挑战的道路——成为一名高速公路收费员。

　　在这三尺岗亭里，方秋子找到了自己人生的舞台。刚刚入职的方秋子也曾被收费岗的工作吓得打退堂鼓。但是方秋子明白，心里的苦恼解决不了问题，逃避解决不了问题，唯有去实践、去努力，通过行动深深扎根于这份职业。

　　每一个看似平凡的岗位，都可以成为闪闪发光的舞台。在收费岗这个小小的舞台上，方秋子用自己的微笑、专业与热情，为每一位过往的司机提供了温馨的服务。她深知，虽然岗位平凡，但责任重大。每一次准确无误的收费，每一次耐心细致的解答，都是她对三尺岗亭里的"微笑使者"：方秋子职业的尊重与热爱。方秋子用自己的行动，将这份看似不起眼的职业，做到了极致，树立起了行业标杆，成了北京高速公路高水平服务的"形象代言人"。

坚持，是方秋子走向成功的阶梯。在她的职业生涯中，遇到过无数的挑战与困难，但她从未放弃过。从最初的收费员到后来的全国劳动模范，再到党的十九大代表，每一步都凝聚着她的汗水与心血。她坚持学习，不断提升自己的业务能力和综合素质；她坚持创新，不断探索新的服务方式和宣讲形式；她坚持奉献，将个人的成长与时代的发展紧密相连，用自己的力量为交通行业增光添彩。

方秋子用自己的经历告诉我们，无论身处何种岗位，只要我们心怀热爱、坚持不懈，就一定能够在平凡的岗位上绽放出不平凡的光彩。她就像一盏明灯，让我们看到了坚持与热爱的力量。

方秋子的故事未完待续，而我们又何尝不是每天在书写我们自己的故事？在未来的日子里，愿我们都能像方秋子一样，以一颗热爱职业的心，去拥抱每一个挑战；以一种坚持不懈的精神，去攀登人生的高峰；以一份真诚待人的态度，去温暖每一个相遇的灵魂。让我们在各自的岗位上，绽放出属于自己的光芒，共同书写属于我们的精彩篇章。

结束语

秋子年纪轻轻，荣誉满满：全国劳动模范，全国三八红旗手、全国优秀共产党员……她连续两届当选为党的十九大、二十大代表，几十枚奖章悬挂在胸前。

我上面这几行文字写得轻松，但现实又岂是这几十个字就能表述清楚的？

只有坚持了别人无法坚持的，才能拥有别人无法拥有的收获。

秋子姓方，因为是秋天出生的，父母便给她取名方秋子。大家都习惯叫她秋子，既顺口又亲切，姓氏往往就被忽略了。

秋子坚守在三尺岗亭内，每天几百上千次地重复着"你好""再见"，进行接卡、递票的动作。我们总以为生活欠我们一个满意的答案，实则是我们欠生活一份努力。秋子的努力有目共睹：她把单调枯燥的工作做得不简单；她把真挚的微笑化作北京的温暖。她凭借十几年不懈的努力，让"秋子服务"成为全国同类行业中屈指可数的品牌典范。

秋子红了！但她依然如故，始终坚守初心，忠于职守。一年三百六十五天，她常常都在超负荷运转。除去完成本职工作，她还要接受采访、参加活动、做报告、开会、学习、演讲；当然，她也得接送孩子…… 每天的时间都排得满满当当，她好像永远都在奔波，像走马灯似的应对着万花筒般繁杂的工作与生活。

"千淘万漉虽辛苦，吹尽狂沙始到金。" 秋子无疑苦过、累过，甚至哭过，但她都一一挺过来了。

秋子是名人，也是明星。

在未见到秋子之前，我已久闻她的大名，却想象不出现实生活中的秋子究竟是什么样子。

秋子第一次到家里来，我反复叮嘱太太和女儿打扫庭院、整理房间，唯恐怠慢了这位贵客。然而，当老朋友陪着她走进房间的那一刹那，我发现我的一切顾虑都是多余的。

那天，秋子人还没进门，爽朗的笑声就已经传了过来。她着装朴素，亲切随和，跟邻家姑娘没什么两样，我悬着的一颗心顿时落了地。

历经八十年岁月，我阅人无数。见过那种穷儿乍富，获得一点点成绩便沾沾自喜、洋洋得意的人；也见过因某部影片或某个事件而大红大紫的影星、网红，顷刻间身价百倍，摆出趾高气扬、不可一世的嘴脸。然而，这一切在秋子身上全然不见，眼前所见的就是一个再普通不过的女孩子。她落落大方，彬彬有礼，瞬间就能和每个人融洽地相处。我们喝茶、聊天，拉起家常来更是无话不谈。她知识渊博，言辞得当，由此可以想见她读过不少书。简单的一次见面，让我认识了一个有血有肉、知书达理的邻家姑娘。秋子的待人接物，让我对她的敬重又加深了。

此后，她成了家里的常客，大家也就更不见外了。在公共场合，秋子一身正装，端庄沉稳，英气勃发；私底下，她着装休闲，少了几分严肃拘谨，多了几分活泼开朗。大家喝着清茶，海阔天空地闲聊，她的天真活泼展现得淋漓尽致。我发现，我女儿有的喜怒哀乐她也有。往往在无拘无束的畅谈中，最能展现出一个人的另一面。有时面对我女儿一本正经的"胡说八道"，她也能滴水不漏地接上话茬儿，在不经意间展现出她的幽默风趣，没有半点儿明星、名人的架子。古诗云："但愿保天真，徐花春风老。"真希望秋子的童心永远留存。

接触秋子多了，我们成了忘年交。论年纪，我比她大出一倍有余，俗话说"我走过的桥比她走过的路还多"。然而，她的坚韧不拔、顽强、执着、灵动与智慧，令我钦佩不已。有了秋子，就有了榜样；有了秋子，就有了方向。因为你是怎样的人，就会遇见怎样的人。多和优秀的人接触，你就不好意思邋遢；多和勤奋的人接近，你就不好意思偷懒。

榜样的力量是无形的，也是无穷的。当像秋子这样的人越来越多，社会的方方面面都会随之好起来。我从她以及和她一样的人身上，看到了国家的希望和未来。

秋子常年聚焦于千头万绪的工作，如果没有家人的理解与支持，即便她有三头六臂也难以应对。秋子将事业与家庭间的关系处理得非常得体，她不仅把单位里的大事小情向家人们讲述得清清楚楚，经常与家人沟通，以取得他们的谅解，还会在繁杂事务中抽出时间，为家庭、为孩子尽力做出贡献。正因为有了家人的支持与配合，才有了秋子今日的事业成就。秋子身上所有的"军功章"，有一半是属于她的爱人、父母以及她的家庭的。

秋子这个榜样就立在这儿，我坚信会有越来越多的人效仿她。愿我们都能和秋子一样——像大人一样努力拼搏，像孩子一样乐观生活，日复一日，年复一年。

秋子，秋天的孩子，是一串串饱满的硕果；秋子，秋天的孩子，是沉甸甸的希望寄托。秋子的明天必将更加辉煌！

阎　正

2024年6月17日夜深

⊙ 中国国画大家、著名艺术评论家阎正为方秋子写的"福"字